LES VRAIES PAROLES DE JÉSUS

Jean-Claude Barreau

LES VRAIES PAROLES DE JÉSUS

Albin Michel

22, rue Huyghens, 75014 Paris
ISBN : 2-226-11079-8

1.

Le contexte

Les évangiles nous parlent de Jésus. Mais les évangélistes n'écrivent pas sa vie au sens moderne du terme. Le mot évangile signifie « bonne nouvelle ». Cependant, pour les rédacteurs de ces textes qui ont changé l'histoire du monde, la bonne nouvelle ce n'est pas une idée, c'est quelqu'un. Si vous ouvrez l'évangile selon saint Marc, vous y lisez « commencement de la bonne nouvelle de Jésus ». Les autorités chrétiennes ont retenu quatre évangiles. Trois d'entre eux ont été rédigés dans les années 50 ou 60 de notre ère, au moment où disparaissaient les témoins directs, c'est-à-dire une génération après la mort de Jésus. Qui sont les auteurs ? Ce sont Marc, Matthieu et Luc. Il est utile de mieux les connaître pour cerner ce qu'ont été les « vraies paroles de Jésus ».

Marc était secrétaire de l'apôtre Pierre. Matthieu, percepteur converti, écrivait pour un milieu juif plus traditionnel. Luc était médecin et secrétaire de Paul. Disciple juif de Jésus, Paul n'avait cependant pas connu le Christ de son vivant. Luc est très marqué par la culture grecque. D'ailleurs, alors que la Thora fut écrite en hébreu, à l'exception de ses livres les plus récents, tout le Nouveau Testament fut écrit en grec, langue commune de l'Empire romain.

Ces trois évangiles sont appelés « synoptiques » parce qu'on peut les présenter en trois colonnes parallèles (synopse veut dire colonne en grec). On y distingue tout de suite un plan en quatre parties :

— première partie : Le prophète Jean-Baptiste baptise Jésus ;

— deuxième partie : L'action de Jésus en Galilée ;

— troisième partie : L'action de Jésus à Jérusalem ;

— quatrième partie : La mort de Jésus et sa résurrection.

Il est évident qu'il ne s'agit pas d'un plan chronologique. Par exemple, d'après ce plan, on a l'impression que Jésus est allé à Jérusalem une seule fois, ce qui est faux.

Mais il y a un quatrième évangile. Celui-ci a été rédigé vers la fin du siècle par un jeune disciple de Jésus, devenu très vieux, l'apôtre Jean.

Par Jean, nous savons que Jésus allait à Jérusalem assez souvent. Les évangélistes n'en parlent pas. Ce ne sont pas des historiens : cela ne les intéresse absolument pas de savoir combien de fois Jésus est allé à Jérusalem. Ce qu'ils veulent montrer, c'est que Jésus a joué son destin dans la cité sainte. Car, il faut le reconnaître, ces évangiles synoptiques sont des catéchismes. Des actes de foi. De propagande aussi.

Cela ne signifie pas qu'il n'y ait pas de vérité derrière : mais le souci des rédacteurs était religieux, pas historique. L'évangile de Jean, au contraire, est la méditation d'un vieil homme qui se remémore l'éblouissement d'une rencontre de jeunesse avec Jésus.

Il y a d'autres livres dans le Nouveau Testament. « Les Actes des Apôtres » sont le récit des voyages missionnaires de Paul par son secrétaire. À l'origine, l'évangile de Luc et les Actes ne faisaient qu'un seul livre. On les a séparés ensuite pour les besoins de la prédication. Il y a aussi des lettres ; les plus nombreuses et les plus anciennes sont celles que Paul adresse à ses disciples. Paul est un converti mais contemporain de Jésus, même s'il ne l'a jamais rencontré. Il est très proche des témoins directs. Les lettres des apôtres, Pierre ou Jean, et même un livre du genre apocalyptique (attribué à Jean) sont également riches d'enseignements.

Le portrait que tous ces textes nous tracent de Jésus correspond bien à la vérité historique de l'homme Jésus. Mais il faut savoir les lire et même parfois, les décrypter. Il est devenu aujourd'hui scientifiquement impossible de nier l'existence du Christ, ou même de nier que le portrait tracé de lui soit fidèle. Mais on peut refuser l'interprétation que l'Église primitive fit de cette existence-là. Pour les rédacteurs de ces textes, Jésus n'est pas seulement un homme du passé : c'est le Seigneur toujours vivant, « ressuscité ». « Un certain Jésus qui est mort et que Paul affirme être toujours en vie », constate un fonctionnaire romain (Actes des Apôtres 25,19).

Au-delà de Jésus il y a son époque, l'univers dans lequel il a évolué et où il est mort. Trois milieux apparaissent lorsqu'on lit le Nouveau Testament.

D'abord, le milieu juif de la Palestine où vécut Jésus.

La Palestine, il y a vingt siècles, était une petite partie du grand Empire romain, soumise depuis peu. Rome y régnait par l'intermédiaire des rois locaux, les Hérodiens, mal acceptés par la population, car ils n'étaient pas vraiment juifs. Cependant, Rome exerçait son autorité directe sur une partie de la Palestine, en particulier la capitale, Jérusalem. Un gouverneur résidait sur la côte, à Césarée, et venait à Jérusalem pour les fêtes. Du temps de Jésus, il s'appelait Pontius Pilatus. Ponce Pilate. Il avait une légion à sa disposition.

Les Juifs formaient alors un milieu complexe, une nation fière de sa foi, assez indisciplinée. Il y avait des « collaborateurs » que Rome utilisait, des riches en général plus ou moins corrompus, et parmi eux les « publicains ». Grands soutiens de Rome, ceux-ci levaient l'impôt pour le compte de l'Empire sans oublier d'en mettre une partie dans leurs poches. Des sectes dites illuministes (comme celle des esséniens que nous ont révélée à Qumran les fameux manuscrits de la mer Morte et qui était l'une des plus influentes) proliféraient. Il y avait des sages qui interprétaient la loi juive et jouissaient d'une grande autorité sur le peuple, « les scribes et les pharisiens ». Et il ne faudrait pas oublier ceux qui résistaient à l'Empire. Appelés « zélotes » ou « sicaires », ils ne cessaient de perpétrer des coups de main contre les Romains.

Apparaît aussi, derrière le Nouveau Testament, le milieu juif de la « dispersion » — car il faut savoir que déjà, en ce temps-là, Israël existait largement hors de ses frontières. Le pays avait été, jadis, éclaté de force par les rois assyriens puis chaldéens. Les Perses avaient ensuite autorisé les Juifs à revenir à Jérusalem. Mais beaucoup d'entre eux avaient profité de la paix romaine pour s'expatrier dans l'Empire. Ils ne venaient à Jérusalem qu'en pèlerinage (comme les musulmans à La Mecque). Paul était ainsi un Juif de la diaspora puisqu'il vivait en Anatolie, à Tarse, et avait hérité de son père la citoyenneté romaine.

En l'an 70 de notre ère, pour réprimer une révolte juive en Palestine, les Romains détruisirent la ville sainte et en chassèrent les habitants. La dispersion devint alors presque totale.

Ces Juifs contraints à l'exil vivaient autour de leurs rabbins et de leurs synagogues. Mais, immergés dans le monde gréco-romain, ils avaient une mentalité très ouverte. Ils jouèrent un rôle essentiel dans la naissance du christianisme dont il ne faut pas négliger qu'il n'était, à l'origine, qu'une secte juive parmi d'autres, née en Palestine. Quand Paul arrivait quelque part, il commençait toujours par s'adresser à la communauté juive du lieu, comme on le constate dans les Actes des Apôtres.

Le judaïsme du temps de Jésus, qu'il soit vécu en Palestine ou dans la diaspora, repose sur deux institutions qui jouent un grand rôle dans l'histoire du Christ et que l'on retrouve souvent dans ses paroles : le Temple et les synagogues.

Le Temple de Jérusalem était le lieu de l'Alliance avec Dieu où se célébraient, et là seulement, des sacrifices d'animaux. Le Temple avait sa caste de prêtres, les « lévites », et ses grands prêtres.

La synagogue avait une autre fonction : la communauté s'y rassemblait pour prier, parce que Jérusalem et son Temple étaient trop éloignés. Là il n'y avait pas de clergé. Les rabbins n'étaient que des hommes savants et pieux, souvent des pharisiens. C'est la seule institution qui survivra à la destruction du Temple par les Romains en 70.

Jésus n'était pas un Juif de la diaspora, c'était un Juif de Palestine. Il ne quitta jamais cette sorte de Provence proche-orientale entre son lac chéri de Tibériade et la mer Méditerranée, si ce n'est pour de fugitifs voyages au Liban. Il adorait les paysages de son pays.

Comment le situer ? C'était un rabbin, fils d'artisans de Galilée, proche des pharisiens, bien qu'il en dénonce souvent les faiblesses. Il se sentit investi d'une mission de prophète, et peut-être même d'une mission messianique. Nous parlerons plus loin du titre « Fils de l'homme » ; celui de Christ veut dire « consacré », celui qui a été « oint » d'une onction d'huile, comme les rois d'Israël. Christ, ce titre messianique deviendra comme le nom de famille de Jésus, « Jésus Christ », et donnera naissance au nom générique de ceux qui croient en lui : « chrétiens ». Ce titre évoque le royaume d'Israël du passé. Jésus, nous le verrons, parlera souvent du Royaume mais dans un sens nouveau. D'où les titres réservés au Messie qu'il revendiqua, dont celui de Christ ou de « Fils de l'homme ».

Jésus groupait autour de lui quelques centaines de sympathisants dont les « douze », ses compagnons désignés (en souvenir des douze tribus d'Israël). N'étant pas le moins du monde sectaire, il s'adressait à tous, même aux occupants romains.

Mais il n'y a pas que le milieu judaïque qui apparaisse à une lecture attentive du Nouveau Testament. On distingue aussi le milieu des communautés de la primitive Église chrétienne. Quand on lit les Écritures, l'action se déroule à deux niveaux. Il y a d'abord celui de l'époque de Jésus et ensuite celui de l'histoire plus tardive des communautés chrétiennes où s'élaborèrent les textes. C'est facile à comprendre : une vie de Napoléon écrite à la fin du XIXe siècle nous renseigne sur deux choses, d'abord sur Napoléon et son époque au début du même siècle, puis, en arrière-plan, sur l'auteur de la biographie et son époque à lui. Le savant (l'exégète) qui lit ainsi un texte voit toujours les deux niveaux. Il voit l'histoire racontée, mais il tient compte des influences qui se sont exercées sur l'auteur qui la raconte. Quand on lit le texte chrétien, on voit Jésus à travers les communautés chrétiennes de la seconde moitié du Ier siècle de notre ère.

Nous touchons là le problème crucial : est-ce que nous rencontrons dans les évangiles les paroles mêmes du Christ ? (Remarquons qu'on trouve des paroles du Christ ailleurs que dans les évangiles, dispersées dans le Nouveau Testament, explicitement référencées ou pas.)

Avec beaucoup d'exégètes, je répondrai oui. Évidemment, il faut éliminer les paroles manifestement inimaginables chez le Christ et inventées par les communautés rédactrices, mais nous verrons qu'il est assez facile de les reconnaître.

Dans *La Foi d'un incroyant*[1], Francis Jeanson dit que « la personnalité du Christ est attestée par la qualité des paroles qui lui sont attribuées ». Mais quelles sont ces paroles qui bouleversent les hommes depuis deux mille ans ?

---

1. Le Seuil, 1969.

2.

Les *logia*

Les autorités ecclésiastiques de Jérusalem, un jour, décidèrent d'arrêter Jésus. Le jeune maître lassait la patience des prélats qui voyaient en lui un adversaire, un homme incontrôlable. Or les gardes revinrent sans Jésus. Ils n'avaient pas osé s'assurer de sa personne. Pire encore, ils avaient été troublés par ses paroles, et ils ne purent que dire aux grands prêtres en guise d'excuse : « Jamais personne n'a parlé comme cet homme » (Jean 7,45). Les grands prêtres furieux répondirent aux gardes : « Vous vous y êtes donc laissé prendre vous aussi » (Jean 7,47).

Le cas est unique : des pandores désarmés par les paroles de celui qu'ils auraient dû arrêter au point de ne pas exécuter les ordres ! Ce cri des gardes du Temple est celui de tous ceux qui lisent les mots du Christ, à condition toutefois qu'ils aient le regard neuf, car ces mots font tellement partie de notre culture que nous sommes devenus incapables de leur prêter attention.

J'eus la chance de découvrir pour la première fois les évangiles à dix-huit ans. Élevé chez des grands-parents complètement étrangers à toute religion — juif athée d'un côté, anticlérical de l'autre —, je ne les connaissais pas. Olivier Clément, un professeur de terminale au lycée Condorcet, me conseilla de les lire « pour ma culture générale ».

Le choc fut profond, surtout celui des paroles attribuées au Christ. Depuis, j'ai eu l'occasion de lire la plupart des grands textes religieux de l'humanité et je puis faire mien le cri des gendarmes du Temple : « Jamais homme n'a parlé comme cet homme. » Ni Bouddha, ni Mahomet, ni Confucius.

Ces paroles nous viennent des écritures du Nouveau Testament. On les trouve dans des lettres comme celles des apôtres Paul ou Jean et, bien sûr, dans les évangiles synoptiques, mais aussi dans cette méditation mystique sur la signification de l'histoire de Jésus qu'est, l'évangile de Jean. Un récit de mission comme les Actes des Apôtres ou un texte repris de l'Ancien Testament comme l'Apocalypse en contiennent également.

Dans tous ces textes, de genres littéraires si différents, on trouve des paroles de Jésus, en grec les *logia*.

Dès la mort du Christ abondèrent des recueils de ses paroles. Toute sa vie, Jésus fut entouré de scribes qui notaient ses propos au fur et à mesure. Les missionnaires des débuts n'avaient cure de rédiger une histoire que tout le monde connaissait. Ils annonçaient une « bonne nouvelle » (évangile en grec) et écrivaient des lettres. Vingt ans après la mort du Christ, lorsque la première génération des disciples fut sur le point de disparaître, les croyants éprouvèrent le besoin de faire un choix dans le fouillis des écrits de catéchisme ou de théologie à propos de Jésus. Ce choix « canonique » fut fait par les autorités chrétiennes du moment. Rappelons que notre ère a fixé son origine à la naissance du Christ. On compte les années avant ou après Jésus-Christ. On va célébrer l'an 2000. Mais l'année de la naissance de Jésus fut fixée arbitrairement et inexactement par un moine du Moyen Âge. Matthieu situe la naissance de Jésus avant la mort du roi Hérode. Hérode étant mort en –4 de ce calendrier, Jésus est donc né avant la date conventionnelle de sa naissance. Il existe d'autres calendriers, musulman, juif. Jésus est ainsi né vers l'an 3754 du calendrier juif. Nous verrons qu'il est mort en avril 30 de notre ère. Or une chose frappe dans ces textes si différents. Il y a indiscutablement un style de Jésus, unique. D'où vient-il ?

Les livres du Nouveau Testament ont été écrits, en grec, langue commune de l'Empire romain, avec plusieurs décennies de décalage, à l'usage de croyants qui — pour la plupart — n'étaient plus d'origine juive. Et pourtant les paroles de Jésus gardent leur fraîcheur, leur puissance sémitiques.

Jésus parlait vers les années 28, 29, 30, en Palestine, à l'époque le pays des Juifs. Il était lui-même galiléen, originaire de la ville de Nazareth, mais montait souvent à Jérusalem. Il connaissait le grec, ce qui était fréquent dans son milieu. On le voit parler sans interprète aux officiers romains ou au gouverneur. Il connaissait aussi la langue liturgique, l'hébreu. On le voit lire les Écritures à la synagogue, mais il s'exprimait dans la langue de son peuple, l'araméen. Cela n'a rien d'étonnant. Un Algérien, du temps de la colonisation, parlait aussi trois langues : le français, à l'usage des autorités, l'arabe littéraire à la mosquée, et le dialectal dans la vie courante.

Fils d'un artisan du village, Jésus avait quitté l'atelier pour devenir rabbin. Il prêchait en Galilée, ou à Jérusalem pendant les fêtes, entouré d'un groupe d'amis, devant tous les auditoires qui se présentaient, gens du peuple ou docteurs de la loi, indifféremment. Ses paroles étaient nouvelles et bouleversantes. Jésus use d'un langage bref, décapant, il ne prononce pas de discours. Ceux qu'on trouve dans les évangiles ont été reconstitués par les rédacteurs en mettant bout à bout des citations sur le même sujet.

Je vais essayer de citer une centaine de paroles du Christ, tirées des multiples livres du Nouveau Testament et sans souci chronologique. La numérotation de ces paroles a pour seul objet et logique de permettre au lecteur de retrouver celles qu'il préfère. La première d'entre elles ne correspond pas forcément aux images que l'Église a voulu favoriser :

1 *« Soyez rusés comme le serpent et candides comme la colombe »* (Matthieu 10,16).

Jésus utilise très souvent *le paradoxe*. Car sa pensée est complexe. L'homme seulement rusé devient cynique, celui qui est trop candide se fait exploiter.

Il faut être bon avec intelligence.

On pourrait appliquer aux bienfaiteurs cette phrase du général de Gaulle sur les militaires qui, sous-estimant le pouvoir de l'intelligence, négligent parfois de s'en servir.

Autrement dit : il ne faut pas prendre les enfants du bon Dieu pour des naïfs !

Jésus sait que la réalité des choses est difficile à pénétrer. Sa pensée n'est jamais une pensée dogmatique ou mutilante qui supprime un des termes de l'alternative ; la ruse et la bonté sont également nécessaires. Jésus tient toujours les deux bouts de la chaîne, il ne s'agit pas d'une position centriste mais d'une tension féconde : ceci sans oublier cela.

2 *« Voici que le semeur est sorti pour semer. Comme il semait, des grains sont tombés au bord du chemin, les oiseaux les ont mangés. D'autres sur des endroits pierreux où il n'y avait pas beaucoup de terre, ils ont levé trop tôt faute d'enracinement et ont brûlé au soleil. D'autres, dans les épines qui les ont étouffés. D'autres enfin, sur la bonne terre qui ont donné cent pour un »* (Matthieu 13,3-10).

Cette sentence, souvent ignorée, est limpide.

La parole agit selon l'ouverture plus ou moins grande de ceux qui la reçoivent. Les cœurs de pierre n'entendent rien. Les cœurs ouverts (la bonne terre) comprennent à demi-mot. D'où la réflexion de Jésus.

Elle est comme une observation quotidienne,

un regard sur le travail autour de lui. En effet, le geste du semeur ne peut pas éviter de lancer des graines qui se perdent dans les épines ou sur le chemin. Regarder la vie de tous les jours et changer le sens des actions ordinaires, c'est la manière de Jésus. Il faudrait savoir (apprendre à) jeter ce regard qui change celui qui observe. Ces graines de vie divine qui tombent dans la bonne terre doivent mourir pour porter leurs fruits. On le verra plus tard. Pour le moment, constater que la terre est nécessaire à la germination, c'est donner à l'homme une autre dimension : lui que la Bible appelait poussière devient porteur de fruit.

3 « *Entende qui a des oreilles pour entendre* » (Matthieu 13,10).

Jésus se sert souvent d'images comme celle-ci, la célèbre parabole du semeur.

Ce n'est pas une allégorie. Dans une allégorie, tous les détails comptent. Les communautés rédactrices des évangiles ont souvent essayé de transformer les paraboles en allégories, par exemple pour cette parabole du semeur (Matthieu 13,18), en vain. La parabole est un genre littéraire courant dans la littérature juive et souvent employée par les pharisiens contemporains du

Christ. Mais Jésus se l'est tellement appropriée que lorsqu'on dit « parabole », on pense tout de suite à lui. Il a porté ce procédé à son degré de perfection. Il s'agit plutôt d'une comparaison qui, pour être comprise de tous, prend la forme d'une histoire.

Marc donne cette précision : « Il ne parlait pas sans parabole, mais expliquait tout à ses disciples en particulier » (4,34). Il s'agit donc pour lui d'un mode d'enseignement, presque d'un ésotérisme, et non d'un genre littéraire. L'enseignement de Jésus risque à tout instant d'être instrumentalisé par les polémiques : ce procédé permet donc de dissimuler sous une forme anodine ce qui rompt avec la tradition juive, ou bien ce qui peut irriter les autorités. L'humour est bien présent dans ces histoires tirées de la vie quotidienne. Il n'a que trop disparu aujourd'hui chez les chrétiens, étouffé par le conformisme.

La complicité souriante entre les disciples et Jésus se devine : à ses compagnons, il explique les paraboles qu'il utilise.

4 *« À quoi puis-je comparer le Royaume des Cieux ? »* (Marc 4,30).

Le sujet revient souvent à travers les évangiles. Jésus parle de cette réalité spirituelle qu'est pour lui le Royaume des Cieux. Il ne se contente pas, comme les rabbins, d'expliquer la loi. Comme les prophètes Isaïe, Jérémie, Ézéchiel, Jean-Baptiste qui l'ont précédé, il essaie de dévoiler l'action de Dieu derrière les événements de la vie.

Paradoxes ou paraboles, ces paroles sont éblouissantes. Jésus a le génie de la formule choc. Par ailleurs, il aime poser des questions à la manière de Socrate. Comme le philosophe grec dont il n'avait probablement jamais entendu parler, il pratique la « maïeutique », art d'accoucher les esprits, que Socrate disait tenir de sa sage-femme de mère.

Se revendiquant « prophète », Jésus va se distinguer de plus en plus des rabbins, souvent des pharisiens, qui se contentent de donner leur avis sur tel ou tel point de la loi, sans aller plus loin. Tout en se voulant pleinement juif et pieux comme les pharisiens, il revendique la liberté de prendre du recul et de juger d'un point de vue spirituel les institutions et comportements de son peuple. Cette attitude lui vaudra d'avoir de plus en plus d'ennemis.

Mais les prophètes juifs ont toujours suscité l'opposition. Jésus connaît certainement par cœur les reproches de Jérémie qui se plaignait déjà, en Israël, plusieurs siècles avant lui :

« Tu m'as séduit, Dieu, et je me suis laissé séduire...

Je suis prétexte continuel à la moquerie.

La parole de Yahvé a entraîné sur moi opprobre et méchanceté.

Je me disais, je ne parlerai plus au nom de Dieu.

Alors c'était en mon cœur comme un feu dévorant que je ne pouvais contenir » (Jérémie 20,7-10).

« Un feu dévorant qu'il ne pouvait contenir. » Telle a certainement été l'expérience de Jésus quant à la parole de Dieu. Toutes ses paroles sont des étincelles jaillies de ce feu intérieur.

5 *« Le soleil s'obscurcira, la lune perdra de son éclat, les étoiles se mettront à tomber du ciel »* (Marc 13,25).

Ce genre de paroles est rare. Il s'agit en fait de citations convenues empruntées à des lieux communs de la littérature prophétique (confer Isaïe 13,10, Ézéchiel 32,7, Amos 8,9) et dans le Nouveau Testament, le livre de l'Apocalypse.

Il faut avouer que ce genre littéraire nous est devenu incompréhensible. D'où le contresens d'Albert Schweitzer[1] quand il affirme que Jésus s'est trompé en annonçant une catastrophe imminente qui ne s'est pas réalisée.

En réalité, il ne faut pas prendre ces expressions au pied de la lettre, comme le font par exemple aujourd'hui les sectes chrétiennes fondamentalistes. Les prophètes parlaient d'une espérance « apocalyptique », une sorte de « grand soir » ; la prédiction d'événements précis ne fait pas partie du genre littéraire prophétique.

Jésus aurait par exemple prédit la chute du Temple de Jérusalem. Mais il est trop évident que ce genre de paroles a été mis dans sa bouche par les chrétiens qui ont sélectionné et traduit les textes du Nouveau Testament dans leur dernier état après l'an 70 de notre ère, date à laquelle, effectivement, les Romains détruisirent le Temple. Il est toujours plus facile de prédire l'avenir quand il s'est déjà produit !

Or Jésus n'a rien prédit, à l'exception de sa propre mort. Mais celle-ci devenait une éventualité de plus en plus probable pour n'importe quel observateur, étant donné l'opposition de plus en plus grande des autorités et des notables, opposition dont Jésus avait une vive conscience.

1. *Le Secret historique de la vie de Jésus*, Albin Michel, 1961.

Ce sont les communautés de la primitive Église qui se sont trompées car elles croyaient avec ferveur à l'imminence de la fin des temps.

Une chose en tout cas est certaine : les paroles attribuées ou non à Jésus dans le Nouveau Testament, les évangiles, épîtres, Actes, Apocalypse, renvoient à une source unique. Bien sûr certaines ont été composées par les communautés chrétiennes postérieures. Mais pour l'essentiel on ne saurait s'y tromper — un homme particulier, Jésus de Nazareth, a bien prononcé ces *logia* inimitables[1]. C'est l'exemple le plus éclatant dans l'Histoire de génie oral. Il n'a rien écrit si ce n'est sur le sable devant la femme adultère, mais il a vécu et parlé.

6 *« Que cherchez-vous ? »* (Jean 1,38).

La première parole de Jésus est une question, la plus fondamentale de toutes. Elle est prononcée dans des circonstances bien particulières, puisque Jean-Baptiste vient de le désigner devant ses disciples comme « le » maître. Selon l'usage oriental et par précaution dans un pays occupé, l'expression qui désigne Jésus est obscure : « Voici l'agneau

1. Cf. le livre de Charles Perrot, *Jésus et l'Histoire*, Desclée, 1979.

de Dieu. » Aussi bien les autorités romaines que les différentes écoles juives en compétition, chacun redoutait l'arrivée du Messie. Le prophète Jean-Baptiste, qui l'a accueilli dans sa communauté, doit donc désigner Jésus d'une manière dissimulée, qui le recommande aux disciples sans le dénoncer aux Romains et aux chefs des prêtres. Avant même de parler, Jésus est déjà un personnage sulfureux dont on ne peut parler qu'en secret. Plus tard, les foules le protégeront par leur nombre. Les pouvoirs en place savent identifier très vite ce qu'ils redoutent le plus : l'incontrôlable. L'ermite Jean-Baptiste, qui vivait dans le désert, était plus ou moins toléré. Mais un jour on lui a tranché la tête. Il dérangeait trop les autorités. Il faut, déjà, des précautions pour annoncer Jésus, lui qui ne s'installera pas loin des hommes, mais qui vivra dans leurs villes et leurs villages.

Aussitôt montré et suivi, Jésus n'impose rien mais il demande : « Que cherchez-vous ? » Il va parler ensuite en fonction de la recherche de chacun. Les disciples le comprennent bien et ils approuvent cette méthode, dont ils ne mesurent pas encore l'exigence. Ils l'appellent en retour « rabbi, maître » et ils disent aux autres, Pierre qui est encore Simon, Philippe, Nathanaël : « Nous avons trouvé le Messie. » Jésus n'a pourtant rien affirmé ; au contraire, c'est par une question qu'il inaugure ses paroles. Cette même démarche s'applique au lecteur d'aujourd'hui. En fait, les nouveaux clergés, cléricaux et laïcs, ne posent plus de questions, ils ont des réponses toutes faites, auxquelles ils cherchent à conduire leurs interlocuteurs. Le pire vient de ceux qui se réclament de Jésus, puisqu'ils trahissent la démarche la plus originale de l'Évangile. Cette transformation radicale des paroles de Jésus en une réponse stéréotypée est le plus grand abus de pouvoir du clergé. Au lieu d'une attention profonde à l'autre, c'est un interrogatoire, et, au lieu d'une découverte, ce sera une idéologie. Comment ignorer que Jésus pose question, au lieu d'assener des réponses ? Pour lui, ce n'est certainement pas une méthode, celle d'un professeur habile, c'est un principe de respect devant le mystère de la personne. Les premiers qu'interroge Jésus seront des disciples, mais combien d'autres suivront leur chemin, un autre chemin, sans que jamais l'Évangile ne les juge ?

7 *« Tu verras de plus grandes choses que celle-là ! »* (Jean 1,50).

Cette réponse de Jésus à Nathanaël passe souvent inaperçue. Il semble que Jésus vienne de révéler un secret de conscience à son disciple, qui

« priait sous le figuier », un endroit commode pour être seul et... à l'ombre. Jésus appelle à regarder d'un œil neuf les moments ordinaires de l'existence. C'est peut-être, déjà, le sens profond de la résurrection, une autre vie qui commence ici et maintenant. En tout cas, Nathanaël est invité à sortir de son problème, qui occupait toute sa prière dans la solitude, sous le figuier. Le goût d'aujourd'hui pour ce qu'on appelle la méditation n'est-il pas un formidable égoïsme, une passion effrénée de soi-même ? Il en est ainsi de la psychanalyse, étude de son moi, le seul sujet qui ne fatigue personne. Jésus appelle son disciple à cesser de se regarder lui-même à travers sa prière, si fervente soit-elle. L'amour de soi-même reste solide, et il survit encore dans l'examen de conscience. Les nouvelles communautés ont encore trop d'intérêt pour ceux qui les composent et se discréditent dans l'autocentrisme. Un jour, Jésus parlera de mourir pour vivre à nouveau.

8 ***« Il est écrit : Ma maison sera appelée maison de prière et vous en faites une caverne de voleurs »*** (Marc 11,17).

Au moment où il va faire une action d'éclat, chasser les marchands du Temple, Jésus s'appuie sur la référence absolue pour ses auditeurs : l'Écriture. Il s'agit d'Isaïe et de Jérémie. Ces deux hommes ont connu des destins terrifiants, chargés d'annoncer des malheurs épouvantables. Ce sont de bonnes références pour commencer une purification.

Les marchands du Temple n'étaient pas populaires. Ils vendaient aux juifs venus de partout les animaux destinés aux sacrifices. Ils changeaient toutes les monnaies en la seule qui soit convenable, celle qui ne porte aucun visage, aucune « image taillée ». Tout ce trafic était lucratif au-delà de l'imagination. La plus grande violence était donc possible et même attendue par beaucoup, contre ces « voleurs » installés sur le parvis.

Jésus, qui vient de citer les prophéties et les lamentations, se contente d'éloigner du Temple ces trafiquants, action qui, au fond, correspond aux souhaits secrets de son peuple.

9 « *Détruisez ce temple, en trois jours, je le relèverai* » (Jean 2,19).

Jésus conclut une fois le Temple nettoyé : « Détruisez ce temple, en trois jours ! » C'est l'une des paroles les plus fortes de tout l'Évangile. Elle résume la volonté de Jésus de ne construire aucun monument et de n'installer aucune autorité humaine. Une fois qu'il a fait place nette, il va plus loin encore devant un auditoire partagé. Car certains Juifs protestent, faiblement d'ailleurs, puisqu'ils ne contestent pas que les marchands doivent partir. Ils lui demandent au nom de quel miracle il parle et il agit. La réponse de Jésus a tout pour leur déplaire. En effet, il somme les gardiens de la foi juive de détruire cet endroit qui sent le soufre. Comme s'il fallait, pour entendre la parole de Jésus, être capable, d'abord, de détruire le monument indiscutable que représente à l'époque le Temple de Jérusalem, pierre et symbole de la croyance et de l'autorité. C'est à la fois un affront et une transgression.

Il y a là une condition insupportable pour les notables religieux. Désormais, la cause est entendue. Ces hommes-là n'entendront plus rien venant de ce prophète de malheur. Les disciples, eux, continuent d'écouter Jésus, sans toujours le comprendre. Plus tard, ils interpréteront cette destruction du Temple comme la mort et la résurrection de leur maître et ami.

Pourquoi ne pas en rester à la parole de Jésus, dans son sens littéral et premier ? Pourquoi construire ce que, justement, il détruit, c'est-à-dire un système intellectuel si sacré qu'il est un « temple », avec ses gardiens, ses chefs et ses prêtres ? Car, pour entrer dans la foi, il faut d'abord mettre à bas les arguments, la raison, la doctrine. De tout cela, les docteurs de la loi sont incapables, enfermés en eux-mêmes et minéralisés dans leurs certitudes. La foi de Jésus commence par un doute et elle est assez forte pour vivre avec ce doute, sans construire un nouveau temple de certitudes.

« Jésus enseignait en homme qui a autorité et non pas comme les scribes », note Marc (Marc 1,22).

Les débuts de l'aventure de Jésus commencent dans les synagogues. C'est là que se réunissent les Juifs chaque samedi. L'endroit est important, puisqu'on y trouve à la fois l'état civil, le cadastre, le notaire et les Livres saints. Chacun peut prendre la parole à son tour, choisir un texte sacré et proposer un commentaire. L'épisode se place en Galilée, cette lointaine province d'où vient Jésus. Il y a là la famille et les amis. Les débuts sont encourageants. Ils seront bientôt suivis par des rebuffades et des moqueries. Les premières scènes que racontent les trois évangiles synoptiques montrent la même surprise : Jésus fait ses propres commentaires.

Jésus s'inscrit dans la culture de son pays qu'il respecte. L'enseignement se tient à la synagogue. Il reçoit le Livre saint de la main du responsable et il lui rendra le rouleau après son commentaire. Les auditeurs étaient alors habitués à entendre d'infinies ratiocinations, chacun se renvoyant à la figure des gloses et des opinions. Cette érudition un peu trop ostensible est évidemment une manière de mépriser l'autre.

Jésus, lui, ne parle pas comme les scribes. Il n'utilise pas la barrière d'un langage savant autour de la question dont il parle. Il s'exprime de toute son âme. Les quatre évangélistes disent : « avec autorité ». On comprend qu'il engage sa personne dans ses paroles, au lieu de se dissimuler derrière des références à des auteurs connus, comme le font les scribes. Ce qui s'appelle ici autorité signifie sans l'hypocrisie des citations empruntées.

10 *« Annoncer aux pauvres la bonne nouvelle »* (Luc 4,18).

Arrivé à Nazareth, afin d'être entendu dans la synagogue, Jésus est alors un illustre inconnu. Il est très jeune. Qu'a-t-il à dire — à révéler ? — à l'assemblée qui lui fait face, sans doute avec une certaine indifférence ? Il commence par une citation, celle du prophète par excellence, Isaïe, aux chapitres 61 (1-2) et 58 (6). La parole du prophète que Jésus choisit pour commencer sa vie publique est extraordinaire. Elle annonce l'envoyé de Dieu : « Celui sur qui reste l'esprit du Seigneur. » Elle décrit les œuvres exceptionnelles qu'il accomplira : rendre la vue aux aveugles, libérer les prisonniers, délivrer les opprimés. Mais, avant ces faits d'éclat, le prophète cite comme la première action à distinguer : « Il annoncera la bonne nouvelle aux pauvres. » Tel est le passage choisi par Jésus dans toute l'Écriture : il est celui qui parle aux pauvres. Il ne veut pas être un gourou auquel on livre ses richesses. Les gens de Nazareth fixent brusquement Jésus autrement et l'entendent expliquer que le temps est venu de voir la prophétie se réaliser : « Aujourd'hui s'accomplit cette écriture. » Il y a là toute sa famille, Marie sa mère, évidemment, pour entendre celui qui revient de Jérusalem et qui est déjà suivi par des disciples. La première réaction est bonne : « Tous admiraient ses paroles. » Il est vrai que depuis qu'il est arrivé en Galilée, Jésus va de succès en succès.

Il a réservé son annonce à cette synagogue de Nazareth, qui sera bientôt méprisante, comme on sait l'être dans une province protégée. Cet échec sera le premier. Il sera désormais « Jésus de Nazareth », comme un sobriquet pour désigner celui qui n'a pas été écouté chez lui. L'histoire aurait pu être différente, et faire du fils de Marie une gloire locale, un maître de village. S'il était resté en Galilée, au lieu d'aller sur les routes, Jésus n'aurait pas rencontré autant d'interlocuteurs.

Parce que la parole de Jésus n'a pas été entendue à Nazareth, il ira se faire écouter ailleurs.

3.

Les femmes

« Les scribes et les pharisiens lui amenèrent une femme surprise en flagrant délit d'adultère et, la plaçant bien en vue, ils dirent à Jésus : Maître, cette femme a été prise en flagrant délit d'infidélité. Moïse dans la loi nous prescrit de lapider ces femmes-là et toi, qu'en dis-tu ? Ils disaient cela pour lui tendre un piège afin de pouvoir l'accuser. Mais Jésus, se baissant, se mit à écrire avec son doigt sur le sol. Comme ils insistaient, il se redressa et leur dit :

11 ***"Que celui d'entre vous qui est sans péché lui jette la première pierre."***

En se baissant à nouveau, il se remit à écrire sur le sol. À ces mots, ils se retirèrent un à un, à commencer par les plus vieux, et Jésus resta seul avec la femme qui était toujours là. Alors, se redressant, il lui dit :

12 *"Femme, où sont-ils, personne ne t'a condamnée ?"*

"Personne, Maître", répondit-elle. Jésus ajouta :

13 *"Moi non plus, je ne te condamne pas. Va et désormais, ne pèche plus"* » (Jean 8,3-12).

Cette scène est une « chose vue ». On y décrit les gestes du Christ : il se baisse, il se redresse, il écrit du doigt sur le sable. Cette scène est tellement belle et nous en apprend tellement sur Jésus que, si j'étais contraint de garder un seul extrait des évangiles, je choisirais celui-là, qui place Jésus très au-dessus des autres génies religieux de l'humanité.

Dans une circonstance semblable, qu'aurait fait Mahomet ? Que font les Talibans ? La discussion se passe à Jérusalem sur le parvis du Temple. La loi juive prescrivait, comme aujourd'hui la loi musulmane (*charia*), la lapidation des femmes adultères. Eût-il acquiescé à l'application de la Thora que le Christ se fût mis en contradiction avec les principes que le rabbi professait en matière de pardon. Eût-il refusé de l'appliquer, il se fût mis en contradiction avec la loi. Or le Maître surprend les docteurs. Il ne regarde pas la femme pour ne pas la gêner. Il ne répond pas immédiatement et se met à dessiner avec son doigt sur la poussière. Le silence se fait. Le suspense s'installe. Jésus a repris l'initiative. Alors il lance aux gardiens de l'orthodoxie la célèbre parole sur la « première pierre ». Les pharisiens en sont médusés. Aucun d'entre eux ne peut se proclamer sans péché, en public, dans l'enceinte sacrée du Temple. Ils jugent plus prudent de se retirer discrètement « à commencer par le plus vieux », note cruellement l'évangéliste.

Les badauds se retirent aussi. Ne restent que la femme, Jésus et quelques disciples. Maintenant il la regarde et lui demande avec ironie où ont pu passer ses détracteurs.

Un prophète, un pur et une femme adultère sont face à face.

On peut s'attendre à de l'anathème, du sermon moralisant. Au lieu de ces imprécations, Jésus donnera seulement de la tendresse et du pardon.

Son « Je ne te condamne pas » est le sommet du judaïsme, mais à coup sûr aussi celui de l'histoire des religions.

Une autre scène :

« Un pharisien l'invita à sa table, survint une pécheresse de la ville. Elle se mit à essuyer les pieds de Jésus avec ses cheveux. Le pharisien qui l'avait invité se disait en lui-même :

Si cet homme était un prophète, il saurait qui est cette femme et ce qu'elle est » (Luc 7,36).

Alors, Jésus raconte à son hôte la parabole de deux débiteurs, dont l'un devait beaucoup, beaucoup plus que l'autre. Le pharisien est bien obligé de reconnaître qu'en cas de remise de la dette, le débiteur le plus endetté se devrait de montrer le plus de reconnaissance, et Jésus de lui faire comprendre que c'est le cas de cette femme. Grande débitrice puisque grande pécheresse, mais emplie d'une infinie reconnaissance ; alors que l'hôte de Jésus croit ne devoir rien à personne.

14 ***« Ses nombreux péchés lui sont pardonnés parce qu'elle montre beaucoup d'amour. »***

Un autre jour, à ses disciples qui lui faisaient remarquer que la loi juive permet la répudiation, Jésus répondit :

15 *« Moïse a permis cela à cause de la dureté de son cœur. En réalité, l'homme et la femme deviennent par le mariage une seule chair. La répudiation est donc inadmissible* » (Matthieu 19,6).

« Une seule chair. »

Un « curé » aurait dit « une seule âme ».

Ces paroles font grommeler les disciples.

« Si telle est la condition de l'homme avec la femme, disent-ils, il n'y a plus aucun intérêt à se marier ! »

Remarquons le joyeux cynisme des disciples.

Il n'est pas exagéré de constater que le célibataire Jésus fut le premier féministe. Sur ce plan aussi il se distingue des grandes figures religieuses, toutes plus ou moins misogynes.

Et pourtant, Jésus qui aimait tant à s'entourer de femmes, qui connaissait le prix de la sexualité, « une seule chair », et glorifiait le mariage, ne s'est jamais marié lui-même. Il a résumé d'un mot sa condition :

16 *« "eunuque" pour le Royaume* » (Matthieu 19,12).

Il ne faudrait pas penser à une apologie de la castration, tout prouve le contraire.

Mais il fallait faire comprendre la violence de son renoncement à ses disciples, qui ne le distinguaient pas toujours. Pourquoi ? Parce que, certainement, il savait qu'il allait mourir bientôt. Comment entraîner une femme, des enfants dans sa fulgurante et brève aventure ? Il ne faut, à mon avis, voir dans le comportement du maître aucun enseignement sur le célibat des prêtres. D'ailleurs, il ne demande pas à ceux de ses disciples mariés, le patron-pêcheur Pierre, par exemple, de quitter leurs femmes. En vérité Jésus noua d'étroites relations avec certaines d'entre elles. Marie-Madeleine en est le symbole, riche bourgeoise de Jérusalem qui fut la première à croire en la résurrection, et ne cessa de le couver des yeux et de verser du parfum sur sa tête (Jean 12,1-8) tandis que sa sœur Marthe s'affairait aux devoirs de la maison.

Les femmes faisaient donc partie de son intimité. Marie-Madeleine et sa sœur Marthe. Leur frère Lazare était un riche notable ami de Jésus, qui possédait une maison près de Jérusalem. Quand le groupe montait à Jérusalem, c'est là, à Béthanie, qu'ils se réunissaient. Quand ils étaient en Galilée, au bord du lac, le groupe se rassemblait dans la maison du patron-pêcheur Pierre, que l'évangéliste Marc appelle sans plus de précision

« la maison » (Marc 2,1). Ainsi Jésus disposait-il de deux bases arrière, la principale, celle de Simon-Pierre au bord du lac de Tibériade, la secondaire, celle de Lazare et de ses sœurs près de la ville sainte.

Des « femmes de qualité » l'entouraient, souvent mariées à des notables, comme Jeanne, épouse de Chouza, intendant du roi Antipas.

« Des femmes de qualité, nous dit Luc, assistaient Jésus de leurs biens » (Luc 8,3). Il faut donc comprendre qu'elles alimentaient la caisse du groupe dont Judas était le trésorier. Le bon médecin Luc le souligne parce qu'il avait l'habitude de ce genre de situation. Son patron, l'apôtre Paul, que l'on présente pourtant comme misogyne, tirera lui aussi la plus grande partie de ses ressources de contributions féminines. Jésus, tout à sa mission, ne travaille plus et se laisse entretenir par ses riches amies.

Il fallait bien vivre, et Jésus n'en éprouvait aucune honte. Il appréciait la beauté des femmes. Il se laisse essuyer les pieds par leurs cheveux. Elles furent les premières à croire en lui. Le jour de Pâques, au matin, Jésus appelle Marie-Madeleine par son prénom et elle lui répond « *Rabbouni* » (« mon maître à moi » en araméen) (Jean 20,16) ce qui témoigne pour le moins de relations confiantes. Jésus a guéri de sa fièvre la belle-mère de Pierre. Miracle ? En fait il s'est plus soucié des moyens de combattre une hémorragie que de la Thora.

« Une femme atteinte d'un flux de sang depuis douze années, qui avait beaucoup souffert des médecins et dépensé son argent en vain car elle allait de mal en pis, lui mit la main à l'épaule par-derrière, car elle se disait : "Si je touche au moins ses vêtements je serai guérie." Jésus demanda :

17 *"Qui m'a touché?"*

Et les disciples lui disaient : Tu es pressé de toute part et tu demandes cela?

La femme se fit reconnaître et Jésus lui dit :

18 *"Ta foi t'a sauvée"* (Marc 5,25).

Et aussitôt elle fut guérie. »

Cette guérison soudaine nous fait penser à l'aventure de la romancière Marie Cardinal qui raconte[1] comment, à la suite d'un choc émotionnel, elle fut soudainement délivrée de règles hémorragiques. Les miracles de Jésus s'adressent à la foi.

1. *Les Mots pour le dire*, Grasset, 1983.

Les femmes ont cru en lui, même les prostituées et les filles de joie ; et lui en elles. Elles peuvent donc être sauvées.

19 *« Donne-moi à boire ! »* (Jean 4,7).

Jésus demande de l'eau à une femme. Il n'est d'abord pas entendu. « Comment, toi qui es juif, demandes-tu à boire à moi, qui suis samaritaine ? » Le puits fait trente mètres de profondeur : sans la cruche de cette femme, Jésus ne peut pas boire. Il est midi, plein soleil de Palestine. Il lui suffirait d'attendre un peu que les disciples reviennent du village. Il tient pourtant à demander ce service à cette femme. Bien des choses sont étonnantes dans ce dialogue. On apprend bientôt que la femme qui est seule pour remonter sa cruche a eu « cinq maris », sans compter l'actuel. C'est Jésus qui le révèle, quand elle lui dit qu'elle n'a personne dans sa vie, comme une femme le précise à un homme qui lui plaît. Voici la seule fois dans l'Évangile où Jésus parle ouvertement des péchés de quelqu'un : c'est en tête à tête et sans témoin. Il a rompu la barrière du racisme qui oppose les juifs de Judée à ceux de Samarie et il entre dans l'intimité de la conscience de cette femme qui multiplie les conquêtes. Pour ce faire, il s'est mis en position de faiblesse, de quémandeur vis-à-vis d'une inconnue, qui semble bien être en froid avec les autres femmes du village, puisqu'elle est seule, sans aide, à l'heure la plus inconfortable du jour. Celle à qui on ne parle plus s'attend peut-être à un piège, à une moquerie, voire à une tentative de séduction. Aussitôt, Jésus brouille les pistes et parle d'eau vive, de source éternelle. Paresse et commodité, la Samaritaine pense à l'eau courante, plutôt à qu'à la vie spirituelle.

Les théologiens ne manquaient pas de faire ici quelques commentaires sur l'obscurité des juifs par opposition à la clairvoyance des chrétiens. Quand Israël ne voit qu'un puits d'eau et admire une fierté nationale, puisque le patriarche Jacob l'a creusé, le catholique s'élève au niveau spirituel. Ces remarques sentaient fort l'antisémitisme. Elles opposaient le matérialisme des Hébreux à la mystique du Nouveau Testament. Mais l'Église a construit de superbes monuments. De Saint-Pierre de Rome au culte exagéré du Pape, la hiérarchie a satisfait son goût pour la gloire et la célébrité. La dégradation du contemplatif vers un certain matérialisme, fort visible de surcroît, est de tous les temps. À l'époque, le puits ne prétendait pas faire mieux que remplir les cruches.

Rien ne ressemble autant à l'esprit qu'une eau claire et fraîche. L'Évangile est devenu méconnaissable. Un vocabulaire aussi obscur qu'inutile finit parfois par faire disparaître le message de Jésus derrière la langue de bois cléricale.

C'est quand Jésus montre à la Samaritaine qu'il connaît ses péchés que la femme prend une autre dimension. Avec quel respect cette révélation a été faite, pour que la Samaritaine ne soupçonne ici aucune ambiguïté ni condamnation. Quand un homme parle de péché à une femme, c'est ordinairement pour lui proposer d'en ajouter quelques-uns. Ou bien, c'est pour l'insulter. Jésus qui demandait l'aumône d'un verre d'eau est maintenant celui qui donne une parole de vie. Les quelques mots qu'il prononce vont désormais habiter à jamais la mémoire de la Samaritaine.

20 ***«Dieu est esprit, et ceux qui l'adorent, doivent l'adorer en esprit et en vérité»*** (Jean 4,24).

Une femme sans réputation ni culture reçoit de Jésus l'une des paroles les plus éclatantes de l'Évangile. Il ne fait pas de doute qu'elle la comprend, sans sainteté ni études. Les disciples sont surpris de voir Jésus parler avec elle. C'est à eux, les intimes, que les disciples voudraient voir le maître dispenser un enseignement particulier, comme le faisaient les autres rabbins, qui composaient des prières ou des cantiques à l'usage de leur école. Mais l'Évangile n'est pas une course d'obstacle, où il faudrait franchir des barrières pour accéder à la connaissance. Il suffit d'un cœur droit. La Samaritaine en effet vient de poser la question de savoir où il convient d'adorer Dieu. Elle a deviné qu'elle est en face d'un homme peu ordinaire, bien différent de ceux qu'elle séduit si facilement. La réponse de Jésus paraît banale aujourd'hui. Elle était alors inattendue.

C'est qu'à l'époque la controverse autour du Temple provoquait d'immenses querelles. On opposait en effet le nouveau Temple de Jérusalem, reconstruit quarante-six ans plus tôt, à l'ancien culte, ininterrompu, sur le mont Garizim, fierté de la Samarie. La femme au bord du puits de Jacob déclare son espoir : elle attend le Messie, « qui nous fera tout savoir ». Une telle définition est acceptée par l'intéressé lui-même. Il est moins celui qui sait et qui enseigne que celui qui fait faire le chemin de la connaissance. Le dialogue progresse alors d'un grand pas. C'est à cette Samaritaine, mise au ban de son village par ses frasques, que Jésus va donner cette réponse, que guettaient les disciples sans pouvoir l'obtenir : « Je le suis. » Il est aussitôt cru sur parole et elle revient immédiatement au village annoncer la nouvelle, laissant là sa cruche.

Une certitude est acquise : la parole de Jésus ne se mérite pas, puisque la Samaritaine n'était connue que par des scandales de village. Cette femme ordinaire est devenue célèbre. Combien de commentaires, de chants et de tableaux représentent cet épisode ?

Bien entendu, les apôtres sont surpris et mécontents. Ils auraient voulu se placer en intermédiaires obligés entre le peuple et Jésus, ou même entre les autorités et Jésus. Ils étaient d'ailleurs concurrents entre eux pour la première place, celle de confident du maître. Déjà, tous les défauts du clergé sont décrits et analysés. La Samaritaine est donc retournée dans son village de Sichem. Avec une simplicité toute directe, elle a raconté le dialogue qui vient de bouleverser sa vie et que l'Évangile fera entrer dans l'histoire. Tout naturellement, les gens partent avec elle, sous le grand soleil de midi, jusqu'à ce puits où est assis Jésus. Adorateurs en esprit et en vérité, ils ne sont réunis par aucune propagande. Ils n'ont pas cette assurance imbattable à laquelle trop de prélats ont succombé.

L'opposition, entre la manière d'être de Jésus et les méthodes du clergé, quel qu'il soit, est démontrée par Jésus lui-même, pendant les deux jours où il va rester auprès des Samaritains. Le motif de leur invitation est extraordinaire : Jésus connaît les péchés de cette femme. Or, ce sont là des désordres publics que chacun peut commenter. Alors que les amours successives faisaient les bavardages répétés par les commères, la manière de parler de Jésus est toute nouvelle. Les gens ne viennent pas autour de Jésus évoquer des sujets scabreux, thème inépuisable qui fait aujourd'hui le succès de la *press people*. Il est question, deux jours seront nécessaires, « d'esprit et de vérité ».

4.

La rupture

21 *« La lettre tue, mais l'esprit vivifie »* (2 Co 3,6).

Nous l'avons déjà vu en évoquant l'anticléricalisme de Jésus, le prophète, s'il observe les rites, n'en fait pas un absolu.

Comme le Royaume, Jésus nous fait comprendre que l'enfer est au-dedans de nous. Il n'aurait pas souscrit au mot de Sartre : « L'enfer c'est les autres. » Il se serait opposé aux mollahs fanatiques de l'observance tout extérieure et minutieuse de la *charia* (loi musulmane). Ce fut une de ses grandes querelles avec les rabbins de son temps. Israël attachait alors, attache toujours, une grande importance aux rites de pureté alimentaire : toute nourriture doit être *casher*. L'islam connaît la même situation avec le *Hallal*; comme les juifs, les musulmans proscrivent le porc, insistent sur la nécessité d'égorger les animaux et de les vider de leur sang avant d'en consommer la viande.

L'hindouisme, le bouddhisme connaissent aussi ce genre d'interdits. Pour Jésus, tous ces rites sont certes respectables, mais tout à fait secondaires. Car le mal ne vient pas des autres, des aliments ingérés, mais de notre propre cœur.

22 ***« Rien de ce qui pénètre du dehors dans l'homme ne peut le rendre impur parce que cela ne pénètre pas dans le cœur mais dans le ventre puis s'en va aux lieux d'aisance. Ce qui sort de l'homme, voilà ce qui le rend impur. Car c'est du cœur de l'homme que sortent meurtres, cupidité, mépris, et non des aliments que nous mangeons »*** (Marc 7,18-23).

« Ainsi Jésus déclarait purs tous les aliments. »

On cite rarement cette parole considérée comme triviale. Le corps humain, ce qui y entre et ce qui en sort : rien de tout cela n'inspire l'exégèse. On a tort. Car ce regard est d'une audace inouïe. Jésus voit bien que les rites de pureté alimentaires sont un carcan pour l'homme. L'historien doit le remercier d'en avoir montré les limites. Quelle liberté d'esprit chez ce prophète !

Sa souveraine distance par rapport aux préjugés des siens est surprenante. Tous ceux qui pensent revenir à la religion, de nos jours, en pratiquant ces rites avec une rigueur qui frise l'intolérance feraient bien d'y réfléchir. À ce propos, ceux qui veulent rapprocher Jésus des moines de Qumran (les esséniens des manuscrits de la mer Morte, dont on nous rebat les oreilles) sont dans l'erreur. Au contraire du Christ, les moines de Qumran étaient obsédés par cette soi-disant pureté.

Avec la phrase suivante, Jésus va plus loin encore.

23 *« Le sabbat est fait pour l'homme et non l'homme pour le sabbat »* (Marc 2,27).

Phrase inouïe : le sabbat était, est encore, l'institution la plus sacrée d'Israël, et son observance scrupuleuse était, est encore, impérative. Et voilà que Jésus la conteste ! Certes le Christ se conforme au repos du septième jour, mais il refuse pour autant de se laisser ligoter par les multiples prescriptions des scribes qui interdisent aux juifs de lever ce jour-là le petit doigt… Par exemple, aujourd'hui encore, un juif pieux ne peut d'un geste allumer la lumière le jour du sabbat.

Les pharisiens protestent quand ils voient les disciples arracher des épis de blé et les manger le jour du sabbat : « Pourquoi font-ils le jour du sabbat ce qui n'est pas permis ? » (Marc 2,23-24).

« Pourquoi mange-t-il avec ces gens-là ? » (Marc 2,16).

« Ces gens-là », « ton fils que voilà », « cet homme-là » : toujours le mépris de ceux qui respectent les règles envers ceux qui les transgressent. Cette forme d'intégrisme n'a bien sûr pas disparu.

Jésus les renvoie pourtant à leur hypocrisie :

24 ***« Lequel d'entre vous, si sa brebis vient à tomber dans un puits le jour du sabbat hésitera à l'en retirer ? »*** (Matthieu 12,11).

Jésus ne nie pas l'utilité du sabbat ; il ridiculise avec humour ceux qui font la morale, mais sont prêts à tout pour récupérer leur bien. Jésus est souvent drôle, ironique.

L'idée que le sabbat est fait pour l'homme et non le contraire marque un extraordinaire progrès de la pensée religieuse. Le sabbat, le rite, devient un moyen.

L'on pourrait, dans cette parabole libératrice de Jésus, remplacer le mot sabbat par le nom de n'importe quelle autre institution. La loi est faite pour l'homme et non l'homme pour la loi ; l'argent est fait pour l'homme et non l'homme pour l'argent, etc.

La religion doit être ouverte et non pas intégriste :

25 *« Annoncer aux captifs la délivrance. »*

26 *« Enseigner aux aveugles le retour à la vue. Rendre la liberté aux opprimés »* (Luc 4,18),

proclame Jésus dans la synagogue de Nazareth au début de son ministère, reprenant à son compte une célèbre prophétie d'Isaïe (Isaïe 61,1). Évidemment, les pauvres, les captifs, les aveugles, les opprimés ne sont pas des « gens bien ». Parce qu'il les fréquente, Jésus est critiqué. Il applique le même raisonnement au Temple sacré de Jérusalem. Jésus va au Temple à chaque fois qu'il se rend dans la ville sainte. Il y fait ses dévotions. Il y prêche.

Mais la localisation du Temple de Salomon est pour lui secondaire : blasphème suprême qui sera retenu contre lui lors de son procès. On le constate lors de son dialogue avec la Samaritaine (les Samaritains étaient pour les juifs des hérétiques ; ils voulaient adorer Dieu ailleurs qu'au Temple de Jérusalem). La Samaritaine dit à Jésus : « Nos pères ont adoré en Samarie, et vous, vous dites que c'est à Jérusalem qu'il faut adorer. » Jésus répond :

27 ***« L'heure est venue où ce n'est ni sur cette montagne de Samarie ni à Jérusalem que l'on devra adorer »*** (Jean 4,20-23).

Qu'importe le lieu d'où l'on prie ! Jésus choisit l'esprit du judaïsme contre la lettre de la Cacherout [1] ; pour lui, il n'y a pas de lieu privilégié pour prier Dieu.

Il ne s'agit pas d'une trahison mais d'un accomplissement :

28 ***« Je ne suis pas venu abolir mais accomplir »*** (Matthieu 5,17).

En rompant avec la Cacherout, Jésus ne pouvait ignorer qu'il rompait aussi avec une tradition

1. La Cacherout est l'observance stricte des interdits de la loi. En particulier des interdits alimentaires.

vénérable d'interprétation des règles de la conduite juive, la Halakha[1].

Voulait-il pour autant fonder une religion nouvelle, comme le dit Charles Harold Dodd[2] ?

Certainement pas. Il le répète d'ailleurs sans cesse :

29 *« Le salut vient des Juifs »* (Jean 4,22).

Conviction plutôt conservatrice. Jésus reste juif et croit au destin particulier du peuple élu.

C'est pourquoi les consignes finales prêtées au Christ par les évangélistes sont à coup sûr des élucubrations théologiques postérieures qui traduisent déjà la foi des premiers chrétiens qui les rédigèrent. Jésus n'a certainement pas dit : « Allez, de toutes les nations faites des disciples, les baptisant au nom du Père, du Fils et du Saint-Esprit » (Matthieu 28,19). L'universalisme n'était qu'implicite dans les paroles qu'il prononça de son vivant.

Jésus n'est donc pas le « fondateur » du chris-

---

1. La Halakha est précisément le mode traditionnel d'interprétation de la loi.

2. *Le Fondateur du christianisme*, Seuil, 1972.

tianisme ; cependant, il est le *point d'origine*. Et c'est bien lui qui a prêché :

30 *« La glorieuse liberté des enfants de Dieu »* (Ro 8,21).

Religion du bonheur avec les « béatitudes », son message est aussi une religion de la liberté. Le disciple de Jésus est appelé à l'exigence de l'amour mais il regarde les lois, les rites, les coutumes comme contingents. Il ne saurait être intolérant. L'intégrisme chrétien est une contradiction absurde. La Déclaration universelle des droits de l'homme de 1789 eût été impossible sans le message de Jésus ; car c'est une prédication « laïcisée » de la liberté évangélique.

Jésus conçoit sa prédication comme un enfantement :

31 *« La femme sur le point d'accoucher s'attriste parce que son heure est venue, mais quand elle a enfanté, elle oublie les douleurs dans la joie qu'un homme soit venu au monde.*
Aujourd'hui ma parole vous attriste mais

> ***un jour votre cœur se réjouira et cette joie-là nul ne pourra vous la ravir»*** (Jean 16,22)

dit-il à ses disciples. Jésus est d'une totale lucidité. Il sait que sa parole attriste même ses disciples parce qu'elle contredit trop les enseignements traditionnels auxquels ils sont attachés. Pour comprendre cette parole, il faut revenir en arrière. Soulignons à nouveau le rapprochement entre Socrate et Jésus, tous les deux accoucheurs de liberté à quatre siècles de distance et dans deux univers culturels différents — le grec et le juif —, univers qui finiront par se rejoindre quand les chrétiens assimileront l'Empire romain. À moins que ce soit l'Empire qui ait digéré le christianisme.

Personne n'est plus juif que Jésus. Personne n'est davantage grec que Socrate. L'un des paradoxes les plus saisissants de l'humanité tient au fait que tous deux ont été condamnés à mort. Et par qui ? Par les autorités de leurs peuples.

L'homme (ou la femme) qui incarne le sommet d'une culture sort de l'ordinaire. En se distinguant de ses contemporains, il les heurte, les provoque. Il se met, on le met, à l'écart de la communauté. Il entre en conflit avec les hiérarchies constituées, effrayées par une audace qui menace leur autorité, leur credo. Il devient alors un danger pour le pouvoir politique ou spirituel de son époque.

Il en fut ainsi pour l'Athénien comme pour le Galiléen.

Jésus a porté le judaïsme à l'incandescence. Il était fatal qu'il soit condamné.

32 «*Nul n'est prophète en son pays*» (Luc 4,24).

Par cette observation désabusée, Jésus semble avoir perçu son cruel destin. Il sent qu'il va être rejeté par les siens.

33 «*Malheur à vous, les riches*» (Luc, 6,24).

Cette parole exceptionnelle est isolée dans l'évangile. Ce n'est pas une malédiction, c'est presque une plainte. Disons-le : un regret vient à notre esprit, car Jésus ne livre pas une analyse politique. On aimerait entendre ici quelques fortes paroles contre l'injustice et l'exploitation des faibles. Jésus ne les dit pas. Espère-t-il que l'exemple des oiseaux du ciel va convertir les riches en douces colombes ?

En fait, on a tout reproché à l'évangile. D'être l'alibi de toutes les violences, puisqu'il recommande la patience, ou bien d'être la flamme de toutes les révolutions, au nom d'un idéal impossible.

Jésus, qui est familier des banquets et des belles maisons, l'ami de Lazare, est embarrassant. On peut craindre une sorte de complicité, celle de ces curés bien gras des boîtes de fromage, experts en desserts et en bons vins. Luis Buñuel dans *La Voie lactée* montre ce Jésus amateur de bonne chère, qui raconte des paradoxes qui font rire la table et ne dérangent personne. Il y a aussi cet horrible conseil aux pauvres, qui doivent manger les miettes tombées de la table des riches. Cela sent le cynisme. Mais le siècle qui se termine nous a appris comment le rêve communiste se termine en cauchemar. Et si, tout simplement, Jésus refusait d'entrer sur le terrain politique, pour laisser aux hommes la pleine responsabilité de leur vie sociale ? Jésus reprend le conseil bien connu des Psaumes : « Si la richesse arrive, n'y mettez pas votre cœur » (Ps 61,11).

34 *« Là où est ton trésor, là aussi sera ton cœur »* (Matthieu 6,21).

Jésus donne l'explication : ce qui occupe nos pensées (le trésor) est aussi ce qui entraîne notre vie. Le riche est donc celui qui est satisfait de sa possession, qu'elle soit importante ou non. Mettre face à face les richesses matérielles et l'Écriture, c'est proposer les biens spirituels pour équilibrer les autres. Le siècle qui disparaît sous nos yeux a été inventif pour expliquer la production des richesses, leur distribution ou leur confiscation. Un défaut est commun à tous ces systèmes : la part de l'homme y est secondaire, une mécanique sociale a pris sa place. Chacun devient irresponsable devant les injustices, qu'un « système » explique ou justifie. Pour combattre, ou pour sauver le « système », il sera permis d'écraser l'homme. Jésus se tient loin de cette tentation, celle de l'idéologie. Mais il avertit nettement : « Malheur à vous... » Le contraire des « béatitudes ».

35 *« Malheur à vous »* (Luc 6,24 et suiv.).

Commence alors, dans Luc, une litanie de « Malheur à vous » qui est bien particulière à cet évangéliste. Jésus se place devant les juifs comme l'héritier d'Isaïe, l'immense prophète d'Israël. Certains croient même qu'il est Isaïe lui-même, revenu sur terre. C'est ce que lui répondent les disciples quand Jésus leur demande : « Qui dit-on que je suis ? » Les auditeurs attendent donc qu'il s'exprime à la manière des grandes sentences bien connues : « Malheur à vous qui appelez bien le mal, et mal le bien… qui êtes sages à vos propres yeux, qui faites des lois injustes, etc. » (Is 5,8 et suivant). Jérémie aussi, à qui Jésus est comparé, a prononcé des phrases analogues : « Malheur à Jérusalem… aux pasteurs qui dispersent le troupeau, etc. » (Jr 23,1 et suiv.).

Inspirer une nouvelle pratique n'est pas condamner l'héritage. Il y a un antisémitisme à peine honteux (dans le désir de rompre avec l'Ancien Testament) qui n'honore pas les chrétiens. Jésus est d'ailleurs si libre de ses paroles que s'il reprend des expressions anciennes, c'est en parfaite indépendance d'esprit.

36 ***« Vous serez les fils de votre Père dans les Cieux, car il fait lever son soleil sur les méchants et sur les bons et il fait pleuvoir sur les justes et les injustes »*** (Matthieu 5,45).

Le modèle qui est donné aux chrétiens est Dieu lui-même. Leur morale n'a rien à voir avec la recherche de la tranquillité des stoïciens, qui prétendent éloigner la souffrance en éteignant tout désir. Désormais, l'homme est toujours capable de bonheur, qu'il se réjouisse sans mérite avec ses amis, ou bien qu'il imite Dieu au milieu de ses ennemis. Un mot clef domine tout : la miséricorde.

37 ***« Lorsque tu pries, entre dans ta chambre, et prie ton Père dans le secret, derrière la porte fermée »*** (Matthieu 6,6).

Beaucoup oublient toute prière quand ils ne sont plus ensemble. L'intégrisme n'est pas loin, quand s'ajoute l'exaltation à la pression sociale.

La précision que Jésus ajoute est essentielle : « Et ton père, qui voit dans le secret, te le rendra. » Le danger dans la prière est de vouloir mesurer par soi-même si la prière est « bonne ». La reconnaissance sociale et l'observation de rites est une réponse à cette question. Sentir une excitation intérieure est une autre réponse. Jésus écarte ces fausses pistes et veut qu'on laisse à Dieu ce grand mystère. Paul a tout résumé : « Je ne me juge pas moi-même » (1 Co 4,3). Or, chacun voudrait expérimenter son progrès spirituel, comme on réussit des examens ! Les pharisiens multipliaient les rites de purification. Les catholiques les ont suivis dans cette impasse en édictant toutes sortes de règles sur la confession des péchés, les pénitences et l'accès à l'eucharistie. Le ridicule a tué la plupart de ces pratiques, mais elles restent vivaces dans les esprits.

À l'origine de ce défaut, il y a l'habitude de l'esprit humain de ne croire que ce qu'il touche. Chacun veut expérimenter par lui-même sa relation avec Dieu, avoir la preuve de ses qualités morales. Au lieu de laisser au mystère son secret, on applique à la vie spirituelle les pratiques de la vie matérielle. La morale chasse la prière. La religion est rongée par les rites. C'est tout ce que Jésus a combattu, lorsqu'il affrontait les pharisiens.

Isaïe avait déjà répondu à ce souci de justice, dans son grand poème : « Vraiment, tu es un Dieu caché, Dieu d'Israël, Sauveur ! » (45,15). Caché ! Le mot est là. Dieu ne se laisse pas prendre aux pièges de nos pensées et de nos règlements.

5.

Les miracles

Jésus me touche surtout par l'éclat de ses paroles. Mais on ne peut esquiver le problème des miracles. Car dans les évangiles, si l'on pêche par centaines les perles des paroles du Christ, on bute à chaque instant sur le miracle. Jésus est un thaumaturge.

J'ai dit combien les paroles du Christ avaient ébloui le jeune païen que j'étais. Mais les miracles me gênaient. Parce que j'admirais Jésus, je me disais que je surmonterais cette difficulté. Mais ce n'était pas une aide pour ma foi de converti, c'était un obstacle.

Les miracles, qui pendant des générations ont été une aide pour la foi, sont certainement devenus aujourd'hui un grand obstacle. Notre monde est technique, matérialiste et ne croit qu'au seul prestige de la science. L'extraordinaire fait penser aux gourous, aux sectes.

On ne peut nier que Jésus vivait dans un

monde préscientifique où le merveilleux était banal.

Cependant, il n'en est que plus intéressant de constater qu'il se méfiait du prodige. Il refuse de changer les pierres en pain ou de se jeter du haut du Temple.

Pour lui, comme le retiendra Jean, les miracles sont des signes. Une lecture attentive nous révèle que la plupart des miracles du premier niveau, c'est-à-dire que l'exégète peut faire remonter à l'époque de Jésus lui-même, sont parfaitement explicables scientifiquement.

Prenons le récit de la tempête apaisée (Marc 4,35-41) : « Ce même jour, le soir venu, Jésus leur dit : "Passons sur l'autre rive" et laissant la foule, ils l'emmenèrent comme il était dans la barque, et il y avait d'autres barques... [« Comme il était » doit signifier que Jésus, pressé par la foule, n'avait même pas eu le temps de prendre son manteau.] Survint alors une forte bourrasque [comme il y en a fréquemment sur ce lac] et les barques étaient violemment secouées ; les vagues se jetaient dans la barque, et la barque déjà se remplissait. Et Jésus était à la poupe, il dormait sur le coussin [à l'avant du bateau, il y avait un coussin ; comme probablement dans tous ces bateaux puisqu'on dit « le » coussin.

Et Jésus était fatigué. On voit souvent Jésus

fatigué dans les évangiles. Là, il dormait, écrasé de fatigue malgré la bourrasque]. Alors ils le réveillèrent et lui dirent : "Maître, tu ne te soucies donc pas de ce que nous périssions !" S'étant éveillé, Jésus dit à la mer [le lac de Tibériade] : "Silence, calme-toi." Et le vent tomba... Il se fit un grand calme. Puis il leur dit :

38 *"Pourquoi avez-vous peur ainsi ? Hommes de peu de foi ?"*

Alors, ils furent saisis d'une grande crainte, et ils se disaient entre eux : "Quel est donc celui-là que même le vent et la mer lui obéissent ?" »

C'est un récit très vivant, plein de détails et de choses vues, par Pierre, le marin-pêcheur. Mais on peut très bien interpréter ce phénomène d'une façon scientifique. Les tempêtes du lac de Tibériade sont ainsi. Il y a une violente bourrasque, puis, tout d'un coup, le calme total.

Ce qui compte, c'est le message de foi et aussi la question soulevée : « Qui est cet homme ? »

Donc le miracle évangélique est un signe pour la foi ; ce n'est pas un prodige. On pourrait même en déduire que le merveilleux, dans les évangiles, vient plus souvent de la ferveur des premiers rédacteurs que de la réalité historique telle, du moins, qu'on peut la reconstituer. Jésus a une sainte horreur des prodiges, ainsi que le suggère, par exemple, Marc (8,11) : « Les pharisiens survinrent et se mirent à réclamer un signe venant du ciel pour le mettre à l'épreuve. Poussant un profond soupir il leur dit :

39 *"Qu'a donc cette génération à demander un signe ? En vérité, il ne sera pas fait de prodiges pour cette génération."*

Et les plantant là, il se rembarqua pour l'autre rive.

Prenons aussi le récit de la guérison de l'épileptique (Marc 9,14-29). C'est le plus beau récit de miracle des évangiles. Or, pour expliquer la scène, il n'y a aucune nécessité de faire appel au surnaturel.

« En rejoignant les disciples, ils virent une foule nombreuse qui les entourait. Aussitôt qu'elle l'aperçut, toute la foule accourut pour saluer Jésus. Et il leur demanda : "De quoi discutiez-vous ?"

Quelqu'un de la foule lui dit : "Maître, je t'ai amené mon fils qui est possédé d'un esprit. Quand cet esprit s'empare de mon fils, il le projette à terre, il écume, grince des dents, devient raide...” Jésus dit : “Amenez-moi l’enfant.”

Ils le lui amenèrent. Aussitôt qu’il vit Jésus, l’enfant se secoua violemment, tomba à terre, et s’y roulait en écumant. Jésus demanda au père : “Il y a combien de temps que cela lui arrive ?”

Depuis son enfance, répondit le père, et souvent cet esprit mauvais l’a jeté soit dans le feu, soit dans l’eau pour le faire périr. Mais si tu peux quelque chose, viens à mon aide, par pitié pour nous.

Et Jésus lui répond :

40 ***“Si tu peux, tout est possible à celui qui croit.”***

Aussitôt, le père de l’enfant invoqua sa foi.

Alors, Jésus toucha l’enfant. Après avoir poussé des cris, s’être violemment secoué, l’esprit sortit de l’enfant qui devint comme mort, si bien que la plupart des gens disaient “Il a trépassé”. Mais Jésus, le prenant par la main, le releva. Et il se tint debout. »

Vous avez là une violente crise d’épilepsie, décrite d’une manière parfaitement clinique, avec la prostration cadavérique qui suit la crise et le calme qui revient ensuite. Je ne dis pas que la guérison n'a pas été définitive. Ce n'est pas cela qui compte. « L'esprit mauvais » n'est que le nom que les gens donnaient à l'épilepsie qui, pour eux, n'était pas une maladie ; la minutie de la description atteste qu'il s'agit d'une chose vécue. L'important, c'est l'extraordinaire dialogue.

« Je crois, viens en aide à mon incrédulité », dit le père de l'enfant, résumant les contradictions de toute foi sur cette terre. Et la réponse « théologique » de Jésus : « Tout est possible à celui qui croit. »

Quand il n'y a pas de foi, l'évangéliste Marc n'hésite pas à dire, ce qui est certainement authentique car cela devait choquer beaucoup les chrétiens rédacteurs qui ont travaillé après lui les textes : « Il ne put faire aucun miracle car les gens n'avaient pas la foi. Et Jésus s'étonnait de leur manque de foi » (Marc 6,1-6).

6.

Le mépris

41 ***« Heureux ceux qui pardonnent, on leur pardonnera »*** (Matthieu 5,7).

42 ***« Pardonne-nous comme nous avons pardonné »*** (Luc 11,1-4).

Jésus qui parle tant de fraternité et d'amour n'est pas un rêveur. Il sait qu'aimer c'est aimer quelqu'un, même s'il y a place dans le cœur humain pour beaucoup d'amours particuliers. Aimer l'Humanité en général n'est pas la preuve qu'on soit capable d'aimer concrètement. Il en est de l'Humanité comme de Dieu. Jésus, lui, aimait les gens qu'il rencontrait : « Fixant sur lui son regard, Jésus se prit à l'aimer », nous raconte l'évangile de Marc (10,21) et quand on le mène devant la tombe de son ami Lazare, l'évangile de Jean ne cherche pas à dissimuler l'émotion du rabbin : « Et Jésus pleura. Les gens dirent alors :

“Voyez comme il l’aimait” » (Jean 11,35). Mais aucun amour concret ne saurait durer sans le pardon. Toute relation humaine concrète est emplie de blessures et de malentendus. Sans pardon aucune amitié, aucun amour ne dure ou plutôt ne renaît. Les autres religieux parlaient aussi d’amour. Mais Jésus est le seul à donner cette importance centrale au pardon, au point d’en faire le cœur de la prière qu’il apprend à ses disciples. Il y a là une rupture décisive avec la vieille règle méditerranéenne de la vendetta. La vengeance est un sentiment humain. Il est difficile de ne pas l’éprouver quand on est atteint dans sa dignité, dans ses affections, dans sa citoyenneté, dans sa patrie. Le temps venu, le pardon, qui n’est pas l’oubli, doit cependant prévaloir. Pardonner sans oublier, c’est le message évangélique.

43 *« Aimez vos ennemis »* (Matthieu 5,44).

Voilà peut-être la parole la plus « inhumaine » du Christ. Elle semble aller à l’encontre de ce qui est la nature humaine. Comment aimer celui qui vous a fait du mal ? Mais la parole de Jésus renvoie à une vérité plus profonde : qui est sûr de son bon droit ? Et si l’ennemi avait aussi raison de son point de vue ? Jésus n’est pas pour autant un pacifiste. Quand il rencontre les officiers romains qui lui parlent de la grandeur et de la servitude militaires, il ne les contredit pas, en particulier le centurion dont il affirme :

44 *« Je n'ai pas rencontré de foi pareille dans tout Israël »* (Luc 7,9).

Ce centurion avait confiance en Jésus : « Je suis officier, disait-il. J'ordonne à l'un : va, et il va, à l'autre : viens, et il vient. Combien plus d'autorité dois-tu avoir toi qui es un prophète » (Luc 7,4).

On voit ici percer le messianisme : Jésus assimile à la foi en Dieu la confiance qu'on lui manifeste, même si cette confiance vient d'un officier romain. Pourtant, beaucoup de ses disciples, dont l'un des douze, Judas (appelé pour cette raison « le sicaire », le porteur de glaire), résistaient à leur manière contre l'Empire considéré comme illégitime. Ils sont même partisans de la lutte armée contre l'occupant romain. Or, Jésus ne les en détourne pas. Il est pacifique, non pacifiste. Nuance ! Sauf dans un seul domaine. Le spirituel n'est pas le politique. En politique, la force peut être l'*ultima ratio*, pas en religion. Jésus va donc refuser d'être un chef de guerre. D'où la déception des zélotes, des sicaires, engagés dans la résistance juive. D'où, peut-être (les évangiles ignorent cette piste ou ne veulent pas l'envisager), la trahison de Judas, l'un de ses plus proches, qui aimait Jésus mais ne voulut pas comprendre que Jésus refusait la violence pour s'imposer. Ce que Jésus condamne absolument, c'est la haine, le mépris des autres. Le fameux « péché contre l'esprit » dont il parle, c'est le mépris (Luc 12,10). Le mépris est pire que le combat. On peut combattre sans haine[1]. Le mépris transforme l'autre non pas en adversaire mais en chose inhumaine. Les tueurs des camps nazis, quand nous les voyons jugés après coup, ne sont que de petits-bourgeois ; simplement pour eux les juifs n'étaient pas des hommes. Alors la Shoah devenait possible.

Jésus, nous raconte l'évangile de Luc, « dit à l'adresse de ceux qui se flattent d'être des justes et qui n'ont que mépris pour les autres » :

45 ***« Le pharisien tête haute disait à Dieu : je te rends grâce parce que je ne suis pas comme cet homme-là*** **[le publicain] »** (Luc 18,9).

1. « Je meurs sans haine en moi pour le peuple allemand », écrit le résistant de *L'Affiche rouge* (Aragon), Gallimard.

Encore une fois que de mépris, dans la formule « cet homme-là » ! Les pharisiens, très proches de Jésus par certains côtés, lui étaient insupportables par leur morgue, leur piété ostentatoire, leurs leçons de morale. Les publicains étaient les percepteurs d'impôts ou de droits de douane. Ils étaient encore moins populaires dans la Palestine d'il y a deux mille ans qu'aujourd'hui. Beaucoup étaient, de surcroît, réputés corrompus. Jésus reproche au pharisien son mépris des autres.

46 *« Ne jugez pas pour n'être pas jugés, car de la façon dont vous jugerez, l'on vous jugera »* (Matthieu 7,1).

La parole est forte et simple, elle interdit la bonne conscience. Jésus l'a déclinée en de multiples occasions, comme le montre la parabole de la paille qu'on voit dans l'œil de son frère alors qu'on ne voit pas la poutre qui est dans le sien (Matthieu 7,4). Chacun est de mauvaise foi et la vérité n'appartient à personne : voilà un autre message de Jésus.

47 *« Un homme avait deux fils. Il dit au premier, va travailler à ma vigne. Je ne veux*

pas, répondit-il. Mais pris de remords, il y alla. Il dit la même chose au second qui lui répondit j'y vais mais n'y alla pas. Lequel des deux a fait la volonté du père ?» (Matthieu 21,28).

On voit ici une fois de plus la «maïeutique» de Jésus, sa manière de poser des questions, de renvoyer les gens à leur conscience. C'est une certaine vision de l'Église — celle des «bonnes paroles», des bonnes intentions — qui ne résiste pas lorsqu'on en revient à ce que Jésus a dit. Jésus se méfie des beaux parleurs. D'où, peut-être, sa méfiance constante envers les notables.

48 *«Toi quand tu pries, ne te donne pas en spectacle* (Matthieu 6,6).

La piété ostentatoire n'est pas le fort de Jésus. Il ne dédaigne pas les liturgies du Temple ou les assemblées de la synagogue, mais enseigne que la vraie religion est celle du cœur.

Il faudrait ici parler de ce qu'on peut nommer sans exagération l'*anticléricalisme* de Jésus. L'anticlérical se méfie des clergés. De leur propension universelle à l'hypocrisie; de leur tendance à confondre la pratique extérieure avec la réalité du cœur, de leur côté « donneur de leçons », leçons qu'ils ne pratiquent pas eux-mêmes mais qui valent pour les autres. Les paroles de Jésus contre les « cléricaux » sont terribles :

49 *« Ils lient de pesants fardeaux et les imposent aux épaules des gens mais eux-mêmes se refusent à les remuer du bout des doigts. En tout ils agissent pour se faire remarquer »* (Matthieu 23,4-5).

Ainsi parle-t-il « des scribes et des pharisiens ». Ne reconnaît-on pas ici tous les cléricalismes de l'Histoire ? Ne songe-t-on pas à ces prélats de la curie romaine, à ces mollahs de l'islam qui à chaque époque s'ingénient à imposer de pesants fardeaux sur les épaules des gens ? Qui s'attachent à la lettre en niant l'esprit. Qui sont « médiatiques », dirait-on aujourd'hui. Ils se soucient davantage de passer à la télévision que d'agir en secret.

50 *« Malheur à vous, scribes et pharisiens hypocrites qui acquittez la dîme de la menthe, du fenouil et du cumin après avoir négligé les points les plus graves de la loi, la*

justice, la miséricorde et la bonne foi. Guides aveugles qui filtrez le moustique et engloutissez le chameau » (Matthieu 23,24).

Tous les « ayatollahs » du monde, ceux de toutes les religions devraient se sentir visés par ces paroles.

Les dîmes concernées sont des offrandes rituelles dues au clergé du Temple de Jérusalem, des « bonnes œuvres visibles » alors que la bonne foi est invisible.

51 « *Vous ressemblez à des sépulcres blanchis, au-dehors ils ont belle apparence, mais au-dedans ils sont pleins de pourriture. Serpents. Engeance de vipère* » (Matthieu 23,7).

Jésus est incroyablement violent ici. On est loin du « doux Jésus » de Renan. Il en veut plus aux faux justes qu'aux bandits. D'autant que les notables du clergé savent tirer de la piété des autres argent et profits.

Jésus reprend là une veine d'imprécation prophétique que l'on trouve chez Isaïe (56,7) et Jérémie (7,11). On comprend que les chefs de la communauté juive aient voulu sa perte.

52 *« Venez à moi vous tous qui peinez et ployez sous le fardeau et je vous soulagerai »* (Matthieu 11,26).

Soulager les hommes, les femmes du poids de l'existence, de ses angoisses, de ses peines, est peut-être le secret de sa mission, telle que le Christ la concevait.

Jésus, lui, n'impose pas de lourds fardeaux aux épaules des hommes. Et pourtant, est né dans le christianisme un cléricalisme longtemps pesant. Éternelle trahison !

53 ***« Ce ne sont pas les gens valides qui ont besoin du médecin mais les malades. Je ne suis pas venu appeler ceux qui se croient justes mais ceux qui se savent pécheurs »*** (Matthieu 9,19).

« Ceux qui se croient justes » ? Ce sont les « bien-pensants ». Et l'on en trouve également chez les athées. Les gens « convenables ». L'Évangile n'est pas fait pour les gens convenables.

Le message de Jésus s'adresse à toutes et à tous. Personne n'est méprisé, ni méprisable.

Tout le monde est pardonné, tous ceux qui

demandent pardon. Tous ceux qui essayent d'aimer. Par contre :

54 *« À celui qui montre peu d'amour, on pardonne peu »* (Luc 7,47).

Le refus du mépris concret (on dirait aujourd'hui du « racisme », mais on peut très bien être « antiraciste » et méprisant, « humaniste » et inhumain), la générosité des sentiments sont, bien plus que l'amour lui-même, le cœur du message de Jésus.

D'où la parole terrible qu'il adresse aux notables de son temps comme à leurs successeurs :

55 *« Les putains vous précéderont dans le Royaume des cieux »* (Matthieu 21,31).

Jésus n'approuve nullement la prostitution. Mais il juge que la corruption du cœur est bien pire que la prostitution du corps. Il s'agit d'une parole vraiment extraordinaire dans la bouche d'un « rabbi ». La loi juive avait horreur de l'impureté. Quoi de plus impur qu'une prostituée pour un ecclésiastique ! Voilà pourtant la prostituée dont Jésus affirme qu'elle précédera les docteurs de la loi dans le royaume des cieux. La vraie pureté n'a aucun rapport avec le refoulement sexuel, la continence ; elle n'a même aucun rapport avec les bonnes œuvres, ou la pensée « correcte ». La vraie pureté, affirme ici Jésus, est celle du cœur.

Malgré ses mœurs, au-delà de ses actions, quelles que soient ses croyances, une femme (un homme) peut avoir le cœur pur et cela Dieu seul le sait. Jamais homme de religion n'a prononcé de maxime aussi subversive !

7.

Le Royaume

56 *« Le Royaume des cieux est semblable à du levain qu'une femme a pris et enfoui dans trois mesures de farine, jusqu'à ce que le tout ait levé, il est semblable à un trésor caché, à une perle fine, quand on les a trouvés, on vend tout pour les acheter »* (Matthieu 13,33 et 44).

Jésus n'annonce pas le salut, notion chrétienne élaborée après sa mort. Il annonce le Royaume de Dieu.

Dieu vient. Mais il ne vient pas au milieu de cataclysmes, il vient dans le quotidien de la vie, pour chaque homme et chaque femme. Les images symboliques et apocalyptiques, « la chute des étoiles, l'obscurcissement du soleil » dont nous avons parlé servent seulement à illustrer l'urgence qu'il y a à l'accueillir. Pour décrire cette venue, Jésus utilise des comparaisons : le semeur, le levain, le trésor, la perle précieuse. Pour que le Royaume réussisse, il faut que les hommes le veuillent. Si la graine tombe sur la mauvaise terre elle sèche, sur la bonne terre, au contraire, elle rend, dit la parabole du semeur, la première que nous ayons citée (Matthieu 13,3). Autrement dit, la parole a besoin d'être reçue.

57 ***« La noce est prête, mais les invités n'en étaient pas dignes, allez donc aux carrefours, dit le roi qui avait organisé un festin pour les noces de son fils, et conviez tous ceux que vous pourrez trouver »*** (Matthieu 22,1-11).

Jésus nous parle cette fois d'une cérémonie d'importance : un mariage. On a invité les notables, les dignitaires, ceux qui parlent et qu'on écoute habituellement. Mais voilà tout à coup le roi contraint de faire appel aux prostituées et aux vagabonds.

Aller dans les carrefours ! Y a-t-il plus spectaculaire que cet ordre ? Rejoindre l'homme de la rue, celui qui est à la croisée des chemins, celui qui est en mouvement. C'est pour lui qu'un festin est préparé ; l'obscur, le sans-grade va pouvoir arrêter sa marche, s'asseoir et se réjouir comme un nabab. Ce repas de fête laisserait le vagabond sur sa faim s'il n'était pas partagé. Il faut une foule pour que le bonheur des noces soit complet. Ces noces du fils du roi sont bien sûr celles de Jésus avec chaque homme. La foule y est invitée. Jésus n'est pas l'homme des clubs fermés, des cercles choisis, il est à l'aise au milieu des foules immenses. C'est là qu'il multiplie le pain et qu'il annonce les béatitudes. Jésus vit et parle en public. C'est l'une des différences qui séparent une Église des chapelles. Jésus n'est pas du côté des possédants ou des autorités mais de ceux qui possèdent la vérité. Il est avec le grand nombre.

58 *« Il en va du Royaume comme d'un homme qui a semé du bon grain dans son champ. La nuit son ennemi est venu semer de l'ivraie. Quand le blé est monté, la mauvaise herbe est apparue aussi. Les serviteurs ont demandé au fermier : "Veux-tu que nous arrachions l'ivraie ?" Il leur a répondu : "Non, vous risqueriez, en arrachant l'ivraie, de détruire en même temps le blé.*
Laissez-les grandir ensemble jusqu'à la moisson" » (Matthieu 13,24-30).

Cette parabole du « bon grain et de l'ivraie », nourrie de l'observation concrète des travaux et des petites haines de la société rurale (Mahomet est homme du désert, Jésus homme de la vigne, des blés et du lac), est forte. Il faut se garder d'arracher la mauvaise herbe prématurément. Le bien et le mal sont emmêlés. Ici-bas, rien n'est parfaitement bon ni totalement mauvais. Les réussites ne sont que partielles. On est très loin des fanatismes, de la pureté bien-pensante, des inquisitions. Les inquisiteurs qui veulent absolument combattre jusqu'au fanatisme l'esprit critique, la dissidence se trompent.

Et pourtant, ce Royaume de Jésus est très *exigeant*.

59 ***« Cherchez d'abord le Royaume et sa justice et tout le reste vous sera donné de surcroît »*** (Matthieu 6,33).

Rien sur la terre n'a autant de valeur que l'appel de Dieu.

Jésus apprécie les « lis des champs », la beauté du monde, le goût du vin, il ne dédaigne nullement les bons repas pris en compagnie des riches dont il ne refuse pas les invitations et cependant il dit :

60 *« Vous ne pouvez servir Dieu et l'argent »* (Matthieu 6,24).

L'argent, on s'en sert, on ne le sert pas, parole toujours actuelle. S'il est un enseignement de Jésus négligé par les Églises, c'est bien celui-là : la méfiance de Jésus envers l'argent, sa prédilection pour les pauvres. Le Vatican de Michel-Ange est une splendide œuvre d'art mais l'esprit de Jésus est plutôt en Ombrie, aux côtés de François d'Assise, ou au Brésil, avec les prêtres qui soutiennent, au péril de leur vie, les pauvres paysans menacés d'expropriation.

Une scène des évangiles illustre cette parabole : « Comme il se mettait en route, un jeune homme tomba à ses pieds et demanda à Jésus : “Bon maître, que je dois-je faire pour entrer dans le Royaume ?”... Jésus fixa sur lui son regard et se prit à l'aimer. Alors il lui dit :

61 *“Une seule chose te manque : va, vends ce que tu as, donne-le aux pauvres puis viens et suis-moi.” »*

Comment va réagir un jeune homme exhorté à un tel sacrifice ? « À ces mots, le jeune homme s'assombrit et s'en alla tout triste, car il avait de grands biens.

Alors Jésus regardant autour de lui dit à ses disciples :

62 *"Il est plus facile à un chameau de passer par le trou d'une aiguille qu'à un riche d'entrer dans le Royaume"*» (Marc 10,17-26).

Cette parole n'est pas souvent commentée par les prédicateurs. On imagine facilement la tête des paroissiens des paroisses cossues si le célébrant de la messe de onze heures[1] insistait trop sur cette maxime. Elle choquait tout autant les auditeurs contemporains du Christ. Pour les juifs de ce temps, comme d'ailleurs pour l'islam plus tard ou pour le protestantisme puritain d'Amérique, la réussite matérielle était le signe le plus certain de la bénédiction divine, une espèce de royaume des cieux, vécu ici bas. Pour les pauvres, il y avait le royaume de l'Au-delà comme consolation. Jésus ne méprise pas la richesse matérielle,

1. La messe de onze heures du dimanche matin était jadis la messe chic. C'était avant la mode généralisée des week-ends.

elle lui est simplement indifférente. Cette parole est à rapprocher de celle sur les prostituées qui précèdent les justes dans le Royaume ; ici ce sont les chameaux qui passent les premiers !

Jésus veut choquer. Il veut faire comprendre que la dignité de l'être humain, son « cœur », est au-delà de ses mœurs ou de ses biens. Bien plus, si la réussite matérielle n'est pas condamnée, elle risque de cacher l'essentiel, la pureté du cœur. Il y a là comme un écho révolutionnaire, même si Jésus n'était nullement un réformateur social. L'absolu de son exigence transcende toutes les catégories humaines de réussite ou d'échec.

L'histoire du « jeune homme riche » est saisissante de vérité. Les *logia* du Christ sont quasiment enregistrés et conservés vif, la preuve en est cette réflexion de Jésus au jeune homme :

63 ***« Pourquoi m'appelles-tu bon ? Nul n'est bon que Dieu seul »*** (Marc 10,17).

Alors qu'à l'époque de la mise en forme de l'évangile de Marc, vers l'an 70, les chrétiens croient en la divinité de Jésus, cette réflexion semble contredire cette croyance ; les rédacteurs ont donc gardé ce *logion* par fidélité à la réalité. Ainsi les exégètes font-ils un tri pertinent parmi les paroles attribuées au Christ : lorsqu'une parole ou une chose vue ne peuvent être déduites ni du judaïsme ni des communautés chrétiennes rédactrices, il s'agit d'un matériel irréductible, venant de Jésus [1].

« Qu'il est difficile, pensent les disciples, d'entrer dans le Royaume. » Jésus leur rétorque que c'est tout simple, c'est comme une histoire d'amour, simple et violent.

64 *« Le Royaume souffre violence et seuls les violents l'emportent »* (Matthieu 11,12).

65 *« Heureux les doux, car ils entreront dans le Royaume »* (Matthieu 5,4).

Voilà bien la pensée paradoxale de Jésus : la force alliée à la douceur. Seulement « violent » ? On devient oppresseur. Seulement « doux » ? On devient esclave. Il faut être « violemment doux ». Nous disions bien que la pensée de Jésus n'était pas mutilante : il tenait toujours les deux contraires unis dans une tension féconde.

1. Lire à ce sujet *Le Problème du Jésus historique*, Ernst Käsemann, Essais exégétiques, Neuchâtel, 1972.

66 « *Suis-moi et laisse les morts enterrer les morts* » (Matthieu 8,22),

dit Jésus à un homme qui lui demandait d'enterrer son père avant de le suivre.

Voilà une autre réflexion qui fit scandale et qui choque aujourd'hui encore. Le respect dû aux morts était en effet l'une des grandes lois de l'Antiquité. C'est pour suivre cette loi qu'Antigone s'oppose à Créon. Et pourtant, Dieu n'est pas le Dieu des morts, comme une certaine religion funèbre du culte des morts voudrait nous le faire croire ; Dieu est le Dieu des vivants. Aux yeux de Jésus ce jeune homme a plus à faire en le suivant qu'en restant auprès de son père. Celui-ci est désormais au royaume des morts.

67 « *Je te bénis, Père, d'avoir caché le Royaume aux sages et aux habiles et de l'avoir révélé aux tout-petits* » (Matthieu 11,25).

L'idée que certaines vérités essentielles ne sont accessibles qu'aux enfants à cause de leur regard innocent est souvent rappelée par Jésus.

Ce *logion,* au contraire du précédent, est conforme à l'image plus conventionnelle de

Jésus. Cependant, il innove pour l'Antiquité où l'on ne considérait guère les enfants que comme de petits barbares. Jésus porte sur l'enfant un regard absolument moderne. La pensée humaine lui doit certainement cela. On trouve beaucoup d'autres exemples de cette tendresse de Jésus pour eux. Par exemple :

68 « ***Laissez venir à moi les enfants, ne les empêchez pas car c'est à leurs pareils qu'appartient le Royaume.***
En vérité, je vous le dis, quiconque n'accueille pas le Royaume en petit enfant n'y entrera pas » (Marc 10,13-16.).

Là aussi la scène est une chose vue :

« On lui présentait les petits enfants pour qu'il les touchât mais les disciples rabrouèrent ceux qui faisaient cela. Ce que voyant, Jésus se fâcha et dit aux disciples : Laissez venir à moi...

Puis il embrassa les enfants, les bénit en leur imposant les mains. » Quelle leçon pour les disciples gonflés d'importance. Le Royaume est exigeant comme les rêves d'enfant. Comme Jésus lui-même.

Exigeant, le Royaume de Jésus n'a *rien de politique.*

« Des pharisiens vinrent lui tendre un piège. Ils lui demandèrent : "Est-il permis ou non de payer l'impôt à César ? Devons-nous payer oui ou non ?" Mais lui, sachant leur hypocrisie, leur dit :

69 *"Pourquoi me tendre un piège ? Apportez-moi un denier que je le voie."* »

Réponse très politique et finalement très adroite. Ce prophète ne manque pas de ruse.

« Ils en apportèrent un et il leur demanda :

70 *"De qui est l'effigie que voici ? Et la légende ?"*

Ils lui répondirent : "De César." Alors Jésus leur dit :

71 *"Rendez à César ce qui est à César et à Dieu ce qui est à Dieu"* » (Marc 12,13-17).

Il s'agit pour Jésus d'échapper au piège. À la question des docteurs : Faut-il ou non payer l'impôt à César ? « César » est le nom collectif des empereurs romains. Jésus vivait sous le règne de Tibère. La Palestine n'était qu'une petite province d'un empire immense étendu de l'Écosse à l'Arabie. L'empereur y était représenté par un gouverneur qui avait le titre de procurateur. À cette date, il s'agissait de Pontius Pilatus, Ponce Pilate.

Si Jésus avait répondu : « Oui, il faut payer l'impôt », on le désignait comme « collaborateur ». On se souvient que certains de ses disciples, dont Judas, résistaient à ce qu'ils considéraient comme un impérialisme, une hégémonie de Rome. Si Jésus avait répondu : « Non », on le dénonçait aux Romains, qui surveillaient le Temple depuis leur forteresse, comme un homme qui prône la désobéissance fiscale ! On le faisait alors arrêter.

Jésus échappe au piège avec habileté, suscitant l'admiration de ceux qui ont voulu le piéger : « Ils n'en revenaient pas », note Marc.

En même temps, il énonce une règle valable pour tous les temps et tout à fait originale : celle de la séparation de la religion et de la politique, de l'Église et de l'État. En un mot il invente la « laïcité ». Règle absolument méconnue jusque-là et par la suite dans les religions. Le judaïsme ne séparait pas, ne sépare toujours pas l'État et la religion. L'islam ou l'hindouisme non plus. Le christianisme lui-même n'a pas échappé aux tentations théocratiques.

Mais il faut cependant dire que c'est la seule religion dans laquelle on a toujours distingué le spirituel et le temporel, où les représentants de l'État ont toujours résisté aux prétentions des représentants de la religion. Saint Louis écrivait au Pape : « Le Royaume de France n'est pas si faible qu'il ne résiste à vos coups d'éperon. » Saint Louis, au Pape, en plein XIIIe siècle !

La « lutte du Sacerdoce et de l'Empire », qu'enseignait le manuel d'histoire « Malet-Isaac » à nos écoliers, est impensable par exemple dans le monde musulman où les fonctions politiques et religieuses sont mélangées.

Jésus répétera cette conviction laïque jusqu'au moment de son arrestation :

« Alors Pilate rentra dans le prétoire et lui demanda : "Es-tu le roi des Juifs ?"

Jésus lui répondit :

72 *"Dis-tu cela de toi-même ou d'autres te l'ont-ils dit de moi ?"*

Pilate rétorqua : "Est-ce que je suis juif, moi ? Ceux de ta nation et les grands prêtres t'ont remis entre mes mains. Qu'as-tu fait ?"

Jésus lui dit [il parlait directement au gouverneur, en utilisant le grec] :

73 *"Mon Royaume n'est pas de ce monde. Si mon Royaume était de ce monde, mes gardes auraient combattu pour que je ne fusse pas livré... Mon Royaume, c'est rendre témoignage à la vérité"*

Alors Pilate opina : "Qu'est-ce que la vérité ?" » (Jean 18,33-38).

Fameuse réplique du gouverneur, tellement en situation, traduisant avec tant d'exactitude la mentalité hellénistique et sceptique des dirigeants romains de ce temps qu'il ne peut s'agir que d'une transcription fidèle. « Qu'est-ce que la vérité ? » C'est précisément la question à laquelle Jésus prétend répondre et c'est par là qu'il se situe dans le domaine de la foi. Cette scène nous en apprend aussi beaucoup sur l'attitude de Jésus par rapport à la violence. La légitime défense n'est pas a priori condamnée : mes serviteurs auraient combattu si j'avais été un chef politique — et il suggère qu'il s'en serait sorti —, constate Jésus d'un ton serein, comme s'il énonçait une évidence. Mais son Royaume n'a pas grand-chose en commun avec le monde que représente le préfet de Rome : celui de la politique et du pouvoir.

Le Royaume de Jésus est *déjà présent*.

« Des pharisiens lui ayant demandé quand viendrait le Royaume de Dieu, il leur répondit :

74 ***“Le Royaume ne saurait être épié. Il est impossible de dire : il est ici ou il est là. Car le Royaume est au-dedans de vous”*** » (Luc 17,20-21).

Affirmation révolutionnaire, bien éloignée des délires eschatologiques des sectes. Le Royaume ne se confond pas avec le royaume d'Israël avec ses règles et ses frontières qu'espéraient les zélotes. Nous tenons là la clef de la déception puis de la trahison de Judas. Judas avait sans doute cru que Jésus prendrait la tête d'une résistance armée. Déçu, il a pu le livrer aux occupants. Cependant, le Royaume, Jésus ne le repousse pas à la fin des temps ; le Royaume est déjà là, dans le cœur des hommes de bonne volonté, dans le refus du mépris, dans l'amour actif, mais ce n'est pas un territoire politique.

Il surgit ou peut surgir dans notre vie à tout instant :

75 *« Soyez vigilants, car nul ne connaît ni le jour ni l'heure »* (Matthieu 24,42).

Le Royaume est déjà présent, comme le levain dans la pâte, comme le bon grain dans les épines. Il est au milieu de nous.

Quand, après la mort de Jésus, les disciples eurent compris qu'en réalité le Christ avait triomphé de la mort (ce qu'on appelle « Résurrection » n'est pas un événement mais l'acte de foi constitutif de la foi chrétienne), ils restèrent pourtant, nous racontent les Actes, sur les collines de Galilée — où ils avaient tant marché avec Jésus — à regarder le ciel. Ils se font alors rappeler à l'ordre (« par les Anges », leur conscience). « Les Anges » leur disent : « Hommes de Galilée, pourquoi perdez-vous votre temps à regarder le ciel ? » (Actes des Apôtres, 1,11).

Il ne restait plus aux disciples qu'à vivre le Royaume.

Le chrétien ne regarde pas le ciel. Le christianisme n'est pas, comme le pensait Nietzsche, « un platonisme pour le peuple ». Il se vit et doit se vivre « au cœur des masses [1] ».

1. Titre d'un livre de l'abbé Voillaume (Éditions du Cerf).

8.

Le bonheur

76 *« Que sert à l'homme de gagner l'univers s'il vient à se perdre lui-même ? »* (Matthieu 16,26).

La modernité, l'actualité de cette parole est éclatante en cette fin du XXe siècle : « Gagner l'univers », l'homme est sur le point d'y arriver. Il fait exploser de petits soleils avec ses bombes nucléaires, il envoie des engins spatiaux autour de Jupiter et d'Uranus. Il entreprend de maîtriser sa propre génétique. Il n'a pourtant jamais été aussi près de se « perdre lui-même » et de retomber dans la barbarie. Jésus ne dénonce pas la politique, la puissance technique ou la science ; il constate que cette victoire ne servirait à rien si l'homme dans le même mouvement se renie, si sa dignité devient une illusion ou un masque.

La plupart des traductions donnent un sens pieux à cette parole, elles parlent de « perdre son âme». Mais Jésus a certainement parlé de l'homme en entier. La division âme-corps était inconnue des juifs, c'est un langage grec (les évangiles ont été écrits en grec, les paroles prononcées en araméen). Les juifs étaient matérialistes, fort attachés à l'unité de l'être humain; quand ils le divisaient, ils le divisaient en trois et non pas en deux : «la chair», «le sang», «le souffle» (de la respiration), toutes réalités fort concrètes, même si la troisième se spiritualisera en «souffle de Dieu». L'opposition platonicienne entre un «corps» méprisé et une «âme» exaltée était étrangère à Jésus comme aux Juifs de son temps. Pour son malheur, et de par son succès dans le monde gréco-romain, le christianisme est souvent devenu, selon l'expression de Nietzsche, «un platonisme au rabais». Avec le mépris du corps et des réalités terrestres que cela implique; chez Jésus, il n'en était pas ainsi.

77 ***«L'homme ne vit pas seulement de pain»*** (Matthieu 4,4).

Il s'agit d'une citation de la Thora (Deut 8,4), mais reprise et magnifiée par Jésus.

Là aussi, comme dans le *logion* précédent sur la conquête de l'univers, Jésus ne méprise pas le pain. Bien plus, dans la prière qu'il apprendra à ses disciples, figurera cette demande adressée à Dieu :

78 *« Donne-nous aujourd'hui notre pain quotidien »* (Luc 11,3).

Jésus sait que le pain est nécessaire. Il sait aussi que chez l'homme, et peut-être est-ce là sa caractéristique ultime, une fois la faim matérielle apaisée, surgit toujours la faim inextinguible d'autre chose.

L'appétit du bonheur est si puissant qu'il doit être comparé à la faim. On peut mourir de cette faim. L'homme est-il enfermé dans une impasse quand il cherche un autre pain ? Ou bien, au contraire, ce désir vient-il prouver que l'objet recherché existe ? Comment admettre en effet que la nature humaine cherche vainement à être heureuse, si cette faim n'est qu'une souffrance, une illusion sans objet ? En devenant homme parmi les hommes, Jésus a grandi et exalté tous les désirs de l'humanité. L'acte le plus ordinaire de la nourriture est désormais un geste d'une portée plus haute et il fait passer du corps au cœur.

79 *« Heureux ceux qui ont une âme de pauvre, les humbles, les doux, les persécutés… ils recevront la Terre »* (Matthieu 5,3-11).

Remarquons que le second terme de chaque phrase est, au contraire du premier, une expression biblique convenue. Pour un juif, quand on parle de « la Terre », il s'agit bien évidemment de la Terre promise, la terre de Palestine, « Eretz Israël », et non pas de la planète. Nous verrons que Jésus a spiritualisé toutes ces expressions bibliques, la Terre, le Royaume.

Et puis, toujours les paradoxes du Christ : malgré les apparences, ce ne sont pas les persécuteurs et les puissants qui sont heureux mais au contraire « les affligés, les persécutés ».

Enfin le mot qui revient sept fois : « Heureux… Heureux… Heureux. » Ainsi, le message de Jésus se veut dès l'origine un message de bonheur. Jésus veut enseigner les chemins du bonheur. Quand il écrivait : « Le bonheur est une idée nouvelle en Europe », le Saint-Just de 1793 se trompait. L'idée de bonheur trouve son origine dans les *logia* du Christ. Son message original, le plus pur, c'est celui des « béatitudes ».

Ces « béatitudes » illuminent l'histoire religieuse de l'humanité, si souvent sombre et maléfique, comme un hymne d'allégresse, de délivrance, de joie et de liberté.

Par malheur, le christianisme, infecté par le manichéisme, est devenu triste.

Au IIIe siècle de notre ère (216-277), le prophète Mani opposa un Dieu du Bien, celui des âmes, et un Dieu du Mal, celui de la chair, des choses, de la création. Mani fut mis à mort par le roi de Perse, Bahram Ier, mais ses idées se répandirent en Europe. Les cathares du XIIIe siècle occitan étaient manichéens. Ils furent écrasés mais ils avaient installé en force dans le christianisme officiel l'idée que la chair et la création sont mauvaises. D'où un christianisme masochiste qui irritait tant Nietzsche.

Rien n'est plus contraire aux paroles du Christ. Pour Jésus, tout peut être bon, tout peut être beau. Il croit au bonheur. Il n'ignore pas la tragédie qui le rejoindra lui-même mais son message est fondamentalement optimiste, contrairement à celui de beaucoup de fondateurs de religions. Jésus a confiance en l'homme, en la nature. Les vrais chrétiens débordent de joie et de tendresse, ils aiment le monde, à l'exemple de François d'Assise qui chantait « son frère le soleil » et « sa sœur l'eau ». François d'Assise dont Nietzsche disait que c'était le seul véritable disciple que Jésus ait eu, son disciple le plus accompli en tout cas.

80 *« Observez les lis des champs. Salomon dans toute sa gloire n'a pas été vêtu comme l'un d'eux. Voyez les oiseaux du ciel »* (Matthieu 6,28).

Jésus aime les plantes, les oiseaux, la beauté des choses dans cet univers agricole et doux des collines méditerranéennes de Galilée qui entourent le lac de Tibériade et Nazareth où il a grandi. Ici encore, on pense à François d'Assise en Ombrie.

Jésus, qui remarque et admire les fleurs au bord du chemin, est un novateur. Son époque est divisée entre le refus de l'idolâtrie prononcé par Moïse et l'animalité du paganisme. Les juifs n'ont pas le droit de tailler des images. La nature et ses beautés leur sont en quelque manière interdites. Seul Dieu est grand, immortel et digne d'admiration. Les Romains et les Égyptiens, qui sont les païens les plus proches d'Israël, cherchent dans la nature des divinations. Même le vol des oiseaux est interprété par les augures et les haruspices. Jésus libère les hommes de cette prison de l'irrationnel et il leur rend la création, rationnelle, utile et belle. Il élève les lis des champs et les moineaux du ciel à la hauteur d'un exemple moral. Aimer le monde où l'on vit en pensant à une autre dimension qui le dépasse...

81 *« Ne vous inquiétez pas. Ne vous inquiétez pas du lendemain. À chaque jour suffit sa peine »* (Matthieu 6,25 et 6,34).

Pour trouver le bonheur, il faut bannir l'angoisse. Jésus ne méprise pas la raison, les prévisions du bon artisan qui calcule les moyens nécessaires à la construction de la tour ou la résistance des fondations de la maison (Matthieu 7,25). Mais tout cela est de bon sens et n'a pas de rapport avec l'inquiétude.

L'inquiétude, c'est la déprime qui empêche de vivre et d'agir. Quelles que soient les difficultés, que Jésus ne sous-estime pas, il faut aller son chemin.

82 *« Demandez et l'on vous donnera. Cherchez et vous trouverez. Frappez et l'on vous ouvrira »* (Matthieu 7,7).

Le bonheur illumine celui ou celle dont la quête ne se décourage jamais. Jésus c'est l'anti-

Diogène : le cynique dans son tonneau ne cherchait plus rien.

Diogène (413-327 avant Jésus-Christ) était passé de la critique des vices à la critique des convenances ; de la critique des convenances à celle des morales. Pour atteindre finalement la critique radicale des hommes. Il maniait avec maestria la dérision. Il y a cependant une différence capitale entre le cynisme de l'Antiquité et le cynisme moderne. Le cynisme était chez les Grecs une doctrine ascétique. Diogène vivait dans un tonneau. Le cynisme moderne est un cynisme de consommation. Plus grave, la philosophie cynique était chez les anciens l'idéologie d'une élite très restreinte, alors qu'aujourd'hui, par la grâce des médias, le cynisme est devenu une mode de masse. Cette critique corrosive détruit les valeurs puritaines à la Tartuffe, ce dont il faut se réjouir, et Jésus, dans son combat contre l'hypocrisie, est l'anti-Tartuffe.

Mais le cynisme de masse détruit aussi les valeurs humanistes et spirituelles. Et Jésus, de ce point de vue, est l'anti-Diogène. Pour lui, l'appel, la demande, la recherche ne sont jamais vains...

83 *« Un propriétaire sortit pour embaucher des ouvriers pour sa vigne. Vers la fin de la journée, il en trouva qui traînaient encore sur la place du village et les envoya aussi à sa vigne parce que personne ne les avait embauchés.*
Au moment du paiement ces derniers arrivés touchèrent le prix d'un jour entier. Les autres, ceux qui avaient travaillé du matin au soir, murmurèrent contre le propriétaire » (Matthieu 20,1-14).

C'est la parabole des « ouvriers envoyés à la vigne ».

Le sens en est clair. On ne mérite pas le bonheur. On peut mériter la reconnaissance. Don Quichotte en combattant les moulins de la Manche a certainement droit à la reconnaissance de Dulcinée ; il ne saurait prétendre à son amour. La belle aimera peut-être un homme de moins de mérite et, si Don Quichotte proteste, il entendra cette réplique terrible adressée par le maître de la vigne à l'ouvrier méritant :

84 *« Faut-il que tu sois jaloux parce que je suis bon ! »* (Matthieu 20,15).

Le fils aîné de la parabole de l'enfant prodigue a reçu la même leçon :

85 *« Le fils aîné était aux champs. Quand à son retour, il fut proche de la maison, il entendit de la musique et des danses et demanda ce que cela signifiait. On lui répondit : "C'est ton frère qui est de retour et ton père a tué pour lui le veau gras car il l'a recouvré en bonne santé." Le fils aîné se mit en colère alors et refusa d'entrer. Le père sortit l'en prier. Mais il répondit à son père : "Je te sers depuis des années et jamais tu n'as fait un festin pour moi et puis, ton fils que voilà revient-il après avoir dépensé ton bien avec des putains et tu fais tuer pour lui le veau gras" »* (Luc 15,25-31).

On sent tout le mépris du fils aîné pour son cadet.

« Ton fils que voilà ! » Son tort ? Il a dépensé son argent avec des femmes de mauvaise vie.

Ces paroles du Christ heurtent profondément

les bien-pensants que nous sommes tous et démentent une certaine religion de la rétribution. Jésus sait le prix de la juste rétribution dans les rapports sociaux :

86 *L'ouvrier a droit à un juste salaire* » (Matthieu 10,10).

Mais le bonheur de l'amour n'est pas un droit. Il ne se mérite pas. Jésus prêche une religion du bonheur et de la gratuité.

« Ce message est dur à entendre », disent les disciples (Jean 6,60).

Cette parole est dure parce que nous sommes toujours intéressés, ou presque toujours.

La juste rétribution est un problème social. Et aussi d'une certaine manière religieux. Car si elle est nécessaire, elle n'est pas suffisante. La religion de Jésus, c'est l'Amour. Et l'Amour ne se mérite pas. Il est gratuit. Le bonheur se trouve. Il ne s'obtient pas avec des recettes.

La position du fils aîné de la parabole se comprend. C'est notre position. C'est la position de l'amoureux méritant à qui l'aimée en préfère un autre. Jésus nous affirme que c'est l'amante qui a raison. Un message qui reste, aujourd'hui encore, difficile à entendre.

9.

La fraternité

87 *«Ne vous faites pas appeler "Rabbi", "Maître", car vous êtes tous frères. Pour cette raison, n'appelez personne Père, n'appelez personne Docteur»* (Matthieu 23,8-10).

Le bonheur ne peut naître que si la fraternité existe déjà. Jésus jugerait ridicules les titres des prélats du Vatican, «excellentissime Seigneur» ou même le simple «père» que les croyants progressistes adressent à leur prêtre. Si les communistes s'appelaient «camarades» et les républicains «citoyens», le mot fondateur des chrétiens est «frère».

Et cette fraternité-là est beaucoup plus forte, se veut beaucoup plus forte, que les liens du sang.

Jésus avait une mère et plusieurs frères et sœurs dont nous connaissons les noms, il était simplement l'aîné de Marie, le premier-né. C'est une certitude historique que l'enseignement ecclésiastique postérieur a cherché, on ne sait pourquoi, à gommer. Or, au début, sa famille a vu d'un mauvais œil sa désertion de l'atelier paternel. Elle fut choquée par sa prédication iconoclaste. On le voit dans l'évangile : « Ta mère et tes frères sont dehors et voudraient te rencontrer. »

88 ***« Ma mère et mes frères ne sont pas ceux qui sont dehors, ce sont ceux qui écoutent la Parole de Dieu et la mettent en pratique »*** (Marc 3,31-35.)

89 ***« Celui qui fait la volonté du Père, c'est lui qui est mon vrai frère, ma vraie sœur, ma vraie mère »*** (Luc 8,21).

La fraternité du cœur l'emporte donc sur la fraternité du sang. Jésus préfère sa mission à sa famille. Ses frères et ses sœurs pensaient que Jésus, en sortant du rang pour se comporter comme un prophète, faisait des folies. Les gens de Nazareth disaient : « N'est-ce pas là le charpentier, le fils de Marc, le frère de Jacques, de Joset, de Jude et de Simon ? Et ses sœurs ne sont-elles pas parmi nous ? » (Marc 6,1-4).

Sa famille veut le ramener à la maison et pense en réalité : « Il a perdu le sens » (Marc 3,21). Jésus n'en a cure. Il est venu instaurer une nouvelle fraternité qui ne devra rien aux liens du sang. Ce n'est qu'après sa mort et dans la communauté primitive que sa famille va se réconcilier de manière posthume avec lui.

Les premiers disciples se réunissent alors : « Avec quelques femmes dont Marie, mère de Jésus, et son frère » (Actes 1,14).

Toute sa vie, pourtant, ses frères lui ont été hostiles : « Même ses frères ne croyaient pas en lui », souligne Jean (7,5).

La fraternité du cœur l'emporte aussi sur la hiérarchie, même si celle-ci est nécessaire.

90 *« Vous le savez chez les païens, les chefs font sentir leur domination et les grands font sentir leur pouvoir. Chez vous, il n'en sera pas ainsi. Celui qui veut être le chef doit devenir le serviteur de tous. Le chef est fait pour servir et non pour être servi »* (Marc 10,41-45).

Quelle magnifique description de la fonction d'autorité, fraternelle elle aussi, et au service du bien public. L'autorité comprise comme un service, c'est une notion aussi vraie pour une famille que pour un État. Cette parabole est déstabilisante pour tous les pouvoirs.

Jésus inaugure avec cette parole une manière de vivre en société fondée sur l'amitié. Il en donne la raison avec le partage des perspectives entre l'autorité et les subordonnés. Dans une Antiquité qui pratiquait largement l'esclavage, cette parole est toute neuve. Elle n'est pas moins actuelle aujourd'hui, quand la propagande et la manipulation remplacent le consentement éclairé.

91 *« Il y a plus de bonheur à donner qu'à recevoir »* (Actes 20,35),

constate d'ailleurs le Christ. Toujours le bonheur. La fraternité ne s'oppose pas au bonheur individuel. Le bonheur a besoin de la fraternité. Donner est agréable. Jésus n'a pas cet égoïsme raffiné qui propose de se faire du bien à soi-même en aimant les autres. La relation avec Dieu son Père est centrale dans toute sa conduite, et c'est là ce qu'il enseigne. Chez lui, la fraternité découle de la paternité divine, puisque être frères, c'est avoir un même Père. Cette dimension religieuse est forte dans l'exemple qui suit, « devant l'autel ».

92 « *Quand donc tu présentes ton offrande à l'autel, si là, tu te souviens que ton frère a quelque chose contre toi, laisse là ton offrande devant l'autel et va d'abord te réconcilier avec ton frère* » (Matthieu 5,23-24).

Comment nier ce que cette parole a de subversif ? Que nous dit Jésus ? Que l'amour de son prochain est, finalement, beaucoup plus important que la pratique religieuse. On peut donner tous les signes de la foi et mépriser les autres. L'hypocrisie est au cœur de l'homme et ce n'est pas une mince affaire que de l'extirper.

93 « *Car si vous aimez ceux qui vous aiment et ne rendez salut qu'à vos frères, que faites-vous là d'extraordinaire* » (Matthieu 5,46-47).

La fraternité s'ouvre à tous et tend à l'universel. C'est là une attitude naturelle qui ne mérite pas qu'on s'y attarde.

94 « *L'amour est patient. Il est bon. Il n'est pas envieux. Il ne se vante ni ne se rengorge, ne*

cherche pas son intérêt, ne s'irrite pas, ne tient pas compte du mal, ne se réjouit pas de l'injustice. Il excuse tout, croit tout, espère tout, supporte tout» (1 Co 13,4-7).

On ne trouve nulle part ailleurs, dans l'abondante littérature religieuse suscitée par les croyances les plus diverses, cette description de l'amour fraternel que l'on peut lire, écho d'écho d'un *logion* du Christ, dans la première lettre de Paul aux Corinthiens. C'est un sommet, cet amour «qui excuse tout, croit tout, espère tout, supporte tout».

Ces paroles n'ont pas de secret pour l'amant ou la femme qui aime. Elles peuvent être difficiles à vivre dans les autres situations. Quand j'étais prêtre-ouvrier et vivais dans la rue avec les loubards du 18e arrondissement de Paris, pouvais-je sans laxisme les excuser de leurs viols, de leur violence, de leurs vols? Mais l'espérance dont il s'agit ici n'est pas du laxisme : on peut sanctionner quelqu'un sans désespérer de lui. Supporter tout ne veut pas dire se laisser faire, cela veut dire aimer quand même.

L'amour devient ainsi le signe réel de la foi. La religion de Jésus n'est pas une religion des rites, même s'il reconnaît leur importance. C'est une religion du cœur. L'amour que l'on dit éprouver pour un Dieu « qu'on ne voit pas » (remarquons ici le caractère moderne, presque agnostique de cette constatation) se prouve par l'attention très concrète que l'on accorde au voisin que l'on voit.

95 *« Si quelqu'un dit j'aime Dieu et qu'il déteste son frère c'est un menteur. Qui n'aime pas son frère qu'il voit ne saurait aimer Dieu qu'il ne voit pas »* (1 Jean 4,20).

Dieu, personne ne l'a jamais vu. Il est présent quand il y a de l'amour fraternel. On ne saurait prétendre aimer Dieu si l'on déteste son frère. Là aussi un sommet de la littérature religieuse, ce *logion* de Jésus que l'on peut lire dans la première lettre de l'apôtre Jean.

96 *« Un homme descendait de Jérusalem à Jéricho et il tomba au milieu d'une bande de brigands qui le dépouillèrent, le rouèrent de coups et s'en allèrent le laissant à demi mort. Un prêtre d'aventure descendit par ce chemin, il le vit, prit l'autre côté de la route et passa. Pareillement un lévite*

survint en ce lieu, le vit, prit l'autre côté de la route et passa.
Mais un Samaritain qui était en voyage arriva près de lui, le vit et fut touché de compassion. Il s'approcha, banda ses plaies en y versant de l'huile et du vin puis, le chargeant sur sa propre monture, le conduisit à l'hôtellerie et prit soin de lui. Il dit à l'hôtelier : c'est moi qui paierai.
Lequel des trois s'est montré le prochain de l'homme tombé aux mains des brigands ?» (Luc 10,25-38).

Nous avons dit que Jésus aimait retourner les questions à celui qui les lui posait à la manière de Socrate. Rien n'est plus révélateur de cette méthode que cette parabole. Un commentateur de la loi juive auquel Jésus avait rappelé le second commandement de la loi, « aimer son prochain », lui demanda un jour, croyant l'embarrasser : « Et qui est mon prochain ? » (Luc 10,29). Le légiste devait attendre de Jésus qu'il lui fournisse une liste de gens à aimer et de gens à éviter. Les pharisiens établissaient de telles listes. Mais Jésus lui raconta l'histoire citée ci-dessus. Un voyageur est dépouillé par des brigands. Le brigandage était la plaie du monde méditerranéen. Il reste à demi mort sur le bas-côté. Les notables, prêtre ou lévite, se détournent. Survient un Samaritain. C'étaient des hérétiques méprisés par les bons juifs. Cet hérétique prend en charge le blessé. Lorsque Jésus demande au légiste lequel de ces trois hommes s'est montré le prochain de l'homme abandonné, il renvoie le légiste à sa conscience et bouscule les représentations sociales du temps.

97 ***« J'ai eu faim et vous m'avez donné à manger. J'ai eu soif et vous m'avez donné à boire. J'étais un étranger et vous m'avez accueilli ; nu et vous m'avez vêtu, malade et vous êtes venu me voir. J'ai eu faim et vous avez fermé votre porte. Quand donc Seigneur t'avons-nous fait tout cela en bien ou en mal ?***
Ce que vous avez fait au plus petit de mes frères, c'est à moi que vous l'avez fait. Ce que vous avez refusé au plus petit de mes frères, c'est à moi que vous l'avez refusé » (Matthieu 25,31-46).

Jésus utilise ici un genre apocalyptique, celui du « Jugement dernier » mais il lui donne un sens toujours actuel. Les justes s'étonnent d'être fêtés, les méchants d'être refusés. Ils ne sont pas jugés par un magistrat. Ils sont déjà jugés pour leurs actes : ce qu'ils ont fait pour le meilleur ou pour le pire les a déjà fait entrer dans la grande fraternité des enfants de Dieu ou les en a fait sortir.

98 *« Tu aimeras ton prochain comme toi-même »* (Marc 12,31).

Jésus reprend ici le second commandement de la Loi juive, la Thora. Il en fait le commandement essentiel.

À noter que l'on oublie trop souvent le second terme du commandement « comme toi-même ». Le message est limpide : pour aimer les autres, il faut d'abord « s'aimer soi-même », être bien dans sa peau. « S'aimer soi-même comme n'importe lequel des membres souffrants de Jésus-Christ », disait Bernanos. De la haine masochiste de soi ne saurait sortir aucun amour des autres. Des siècles plus tard, Freud ne fera que redécouvrir cette vieille intuition de la loi juive.

99 *« Les anciens vous ont dit eh bien moi je vous dis »* (Matthieu 5,22).

Jésus ne parle pas comme les autres rabbins. Les pharisiens n'étaient que des interprètes de la loi : le Midrash pharisien est seulement une interprétation de la Thora. Jésus est profondément juif mais il innove. Les juifs d'aujourd'hui sont les héritiers spirituels des pharisiens. Cette école ne doit pas être mal comprise. Elle a su représenter une résistance spirituelle et mystique d'une grande profondeur contre l'influence grecque. Par le biais de coutumes érigées en obligations impératives, c'est une domination étrangère qui a été rejetée. La rigueur du pharisaïsme est une résistance, et même une libération face à l'invasion gréco-romaine qui menace l'authenticité du peuple choisi. De temps à autre, renaît dans la culture juive cet élan spirituel et visionnaire qui affirme l'identité juive contre la mode du moment. Ce refus de l'« intellectuellement correct » est un des apports les plus appréciables que les juifs continuent de donner au monde. Le mot pharisien ne doit pas être vu comme une insulte. Jésus proteste, à bon droit, contre des coutumes qui n'ont plus rien de spirituel et qui sont devenues des signes de nationalisme insupportables. À son tour, il rappelle l'importance de la conscience libre contre des usages qui prétendent garantir la bonne réputation. Personne ne sera plus méprisant que lui pour la réputation, cette dictature sociale de l'hypocrisie.

10.

Le Dieu de Jésus

100 *« Quand vous priez, dites "Notre Père" »* (Luc 11,1).

« Si le Christ n'avait pas dit "Notre Père", écrit François Mauriac[1], je n'eusse jamais eu de moi-même le sentiment de cette filiation. »

Jésus nous décrit Dieu comme un Père, et pas un père sévère. C'est d'un drôle de père qu'il s'agit, Mauriac lui-même en était surpris.

101 ***« Un homme avait deux fils. Le plus jeune dit à son père : Père, donne-moi ma part d'héritage, et le père leur partagea son bien. Peu de jours après, le plus jeune fils, rassemblant son avoir, partit pour un pays lointain et y dissipa ses richesses dans***

1. *Vie de Jésus*, Flammarion, 1936.

une vie de débauches. Quand il eut tout dépensé, une grande famine survint en ce pays [...] Rentrant alors en lui-même, il se dit : les ouvriers de mon père mangent à leur faim et moi pas. Je veux partir, retourner vers mon père et lui dire : "Père, je ne mérite plus d'être appelé ton fils, traite-moi comme l'un de tes ouvriers." Il partit donc et s'en retourna vers son père. Comme il était encore loin, son père l'aperçut et fut touché de compassion. Il courut se jeter à son cou et l'embrassa tendrement. Le fils alors lui dit : Père, j'ai péché contre toi. Mais le père dit à ses serviteurs : Vite, apportez la plus belle robe et l'en revêtez. Mettez-lui au doigt un anneau, et des chaussures aux pieds. Amenez le veau gras. Tuez-le. Mangeons et festoyons. Car mon fils que voilà était mort, il est revenu à la vie. Il était perdu et il est retrouvé. Et ils se mirent à festoyer » (Luc, 15,11-25).

Cette fameuse « parabole de l'enfant prodigue » mériterait mieux le nom de parabole du « Père miséricordieux ». Davantage que le comportement du fils ingrat, c'est le comportement du Père qui nous est donné en exemple.

C'est une extraordinaire description de l'image que Jésus se faisait de Dieu. Image choquante : pensons à la réaction indignée du fils aîné : « Ton fils que voilà revient après avoir dépensé ton bien avec des filles et tu fais tuer pour lui le veau gras »...

Dieu ne fait pas la morale. Quand le fils prodigue veut partir, on le croirait presque indifférent, à le voir lui partager son bien sans piper mot. Il faut le retour, intéressé pourtant, du fugueur pour qu'éclate l'amour gratuit et violent du Père qui laisse sa place à la liberté, même mauvaise des hommes, et dont la joie n'éclate que dans la connivence retrouvée !

Et pourtant, ce Père qui laisse partir le fils se soucie de lui, de tous les hommes. Il se soucie spécialement de ceux qui le fuient.

102 ***« Lequel d'entre vous, s'il a cent brebis et vient à en perdre une, ne laisse pas les quatre-vingt-dix-neuf autres dans le désert pour courir après celle qui s'est perdue jusqu'à ce qu'il l'ait retrouvée ? »*** (Luc 15,4).

103 ***« Le Père sait ce dont vous avez besoin. Il se soucie de chacun de vous. Vos cheveux même sont comptés »*** (Matthieu 6,32).

Jamais nulle part, dans aucune littérature religieuse, l'on n'avait décrit Dieu comme cela. Sauf dans l'Ancien Testament, la Thora juive, par exemple chez Isaïe (Isaïe 51,12) mais Jésus va plus avant. Que nous voilà loin ici du « Père castrateur » cher à Freud ! Le Dieu imaginé par Freud, « Sur-Moi », image du Père tout-puissant, est aux antipodes de celui que nous décrit Jésus.

L'amour. Quand Jésus parle d'amour il ne parle pas d'un précepte de morale. Il faut bien comprendre ce point, le Christ n'est pas une sorte de moraliste stoïcien. Quand il parle d'amour il fait de la métaphysique, de la théologie, car pour lui, l'Amour c'est Dieu.

104 ***« Personne n'a jamais vu Dieu mais si nous nous aimons les uns les autres, Dieu demeure en nous »*** (1 Jean 4,12).

105 ***« Qui n'aime pas n'a pas connu Dieu, car Dieu est Amour »*** (1 Jean 4,3).
« C'est pourquoi je vous donne un commandement nouveau : Aimez-vous les uns les autres comme Dieu vous aime. À cela on vous reconnaîtra pour mes disciples, à cet amour » (Jean 13,34).

106 *« Dieu est amour. Qui demeure dans l'amour demeure en Dieu. Et l'amour bannit la peur »* (1 Jean 4,18).

Aimer n'est donc plus une question de morale, c'est une question d'être. Et la meilleure comparaison que l'on puisse trouver pour parler de Dieu, c'est l'amour, l'amitié, la fraternité des êtres humains. Pour Jésus, ce n'est d'ailleurs presque plus une comparaison, il ne dit pas : à quoi puis-je comparer ? comme pour le Royaume (et pourtant le Royaume aussi, c'est Dieu) ; il dit Dieu *est* Amour.

107 *« Dieu vomit les tièdes de sa bouche »,* (Ap 3,16).

L'amour est une passion qui ne s'accommode pas de tiédeur. Le refus du mal est l'autre face de l'amour du bien. Ce jeu des ténèbres et de la lumière est constant dans les paroles de Jésus. Il n'y a chez lui aucune complicité, aucun laisser-aller à l'égard du mal. Une image mièvre du « bon Dieu » a été inventée, celle d'un Bon Pasteur aux yeux bleus et mouillés. Cet impuissant désolé n'a rien à voir avec Jésus, qui pensait à tout autre chose quand il s'est défini comme bon pasteur.

Son image historique était celle du futur roi David, celui qui chassait le lion à la fronde, quand le fauve attaquait son troupeau. Un jour, c'est Goliath qui sera terrassé avec un galet pris dans le torrent. Jésus est d'ailleurs bien souvent appelé « fils de David ».

Cette origine royale est aussi guerrière. Celui qui chasse, deux fois, les marchands du Temple n'est pas un sentimental incapable d'agir.

108 ***« Voici que je me tiens à la porte et que je frappe. Si quelqu'un écoute ma voix et ouvre la porte, j'entre chez lui, dîne avec lui et lui avec moi »*** (Ap 3,20).

Dieu qui frappe à la porte. Cette magnifique image en dit long sur l'amour et l'amitié de Dieu. C'est une image fraternelle encore soulignée par la comparaison du dîner intime : je dîne avec lui et lui (ou elle) avec moi !

Ce Dieu-Père est à un titre particulier le Père de Jésus. Mais, pour exprimer cela, Jésus n'utilise pas l'expression « Fils de Dieu » qui à son époque n'avait pas le sens que nous lui donnons de nos jours. « Fils de Dieu » voulait seulement dire « être humain », à la rigueur être humain saint et juste. Le centurion romain qui présidait à la mise en croix de Jésus (la croix était l'instrument pénal suprême des Romains, comme la guillotine jadis chez nous), voyant le condamné mourir avec dignité, s'écria : « Vraiment cet homme était le fils de Dieu » (Marc 15,39).

Dans les communautés chrétiennes primitives, donc plus tard, l'expression « fils de Dieu » prit le sens théologique que nous lui attachons aujourd'hui. Encore que le sens premier n'ait pas disparu. On entendra souvent un prédicateur parler des hommes comme des « enfants de Dieu »

109 *« Père, je remets mon esprit entre tes mains »* (Luc 23,46).

Quand Jésus sur la croix dit cette phrase avant de mourir, il évoque cependant, implicitement, le sens théologique ultérieur. Mais quiconque a lu les Évangiles sait qu'il préfère, pour exprimer ses relations exceptionnelles avec le Père, utiliser une autre expression, celle de « Fils de l'homme ».

110 *« Les renards ont des tanières, les oiseaux du ciel ont des nids. Le Fils de l'homme, lui, n'a pas où reposer sa tête »* (Matthieu 8,20).

111 *« Le Fils de l'homme est venu chercher et sauver ce qui était perdu »* (Luc 19,10).

Il faut savoir que le titre de « Fils de l'homme » ne signifiait absolument rien pour les païens du monde hellénistique. Le fait que les chrétiens aient gardé ce titre assure que l'expression vient de Jésus lui-même, d'autant plus que cette expression était déjà tombée en désuétude du vivant du Christ. Contrairement à l'expression « Fils de Dieu », qui n'est qu'une paraphrase pour dire « homme » (avant de devenir plus tard une notation théologique), l'expression « Fils de l'homme » est un titre messianique. Il s'agit d'une manière de dire sémitique tirée du livre de Daniel, un prophète de l'Ancien Testament.

« Voici, venant sur les nuées du Ciel, comme un Fils de l'homme auquel fut confié le Royaume » (Daniel 7,13-14).

La citation de l'Ancien Testament montre avec clarté que « Fils de l'homme » est un titre de pouvoir messianique en rapport avec le Royaume que Jésus annonçait par ailleurs. Tout le confirme : les Nuées, le Ciel sont dans l'Écriture une manière traditionnelle de nommer Dieu.

Ainsi, il n'est pas contestable que Jésus a revendiqué, de son vivant, une relation particulière avec Dieu ; il a revendiqué d'être le « Messie » que les juifs attendaient (qu'ils attendent toujours). Une histoire le montre, celle du paralytique, racontée par Marc : « Comme il était rentré à Capharnaüm, on apprit qu'il était à la maison [la maison de Simon-Pierre au bord du lac de Tibériade]. Il s'y rassembla tant de monde qu'il n'y avait plus de place même devant la porte. Et il leur annonçait la Parole. On vient lui amener un paralytique porté par quatre hommes. Comme ils ne pouvaient pas le lui présenter en raison de la foule, ils défirent le toit au-dessus de l'endroit où il se trouvait, et ayant creusé un trou, ils firent descendre le grabat où gisait le paralytique. Jésus, voyant leur foi, dit au paralytique :

112 *"Mon enfant, tes péchés sont remis."* »

Le malade, qui espérait sans doute une guérison immédiate, dut être déçu. « Or, il y avait dans l'assistance quelques scribes qui pensaient en eux-mêmes : "Comment celui-là peut-il parler ainsi ? Il blasphème. Qui peut remettre les péchés, sinon Dieu seul ?" »

Les scribes ont tout à fait raison. Aussi ne trouve-t-on guère dans les Évangiles de revendication messianique, et même d'affirmation par Jésus d'une connivence particulière avec Dieu, plus forte que cette « chose vue », avec la foule dans la maison de Pierre, dont on vient de démonter le toit pour faire descendre le brancard du paralytique. C'est précisément cela que Jésus veut dire : « Aussitôt, se rendant compte qu'ils pensaient ainsi en eux-mêmes, Jésus leur dit :

113 *"Pourquoi de telles pensées dans vos cœurs ? Quel est le plus facile, de dire au paralytique : Tes péchés sont remis, ou de lui dire : Lève-toi, prends le brancard et marche ? Eh bien ! pour que vous sachiez que le Fils de l'homme a le pouvoir de remettre les péchés sur la terre, je te l'ordonne, dit-il au paralytique, lève-toi, prends ton grabat et retourne chez toi"* » (Marc 2,1-12).

Que signifie cette parabole, l'une des plus connues ?

Aujourd'hui, comme hier, l'idée qu'un grand malheur implique l'existence d'un coupable reste forte. Évidemment, certaines maladies sont la conséquence d'abus volontaires. Avant de ruiner sa santé, l'alcoolique ou le toxicomane portait déjà une blessure intérieure. Mais les autres ? Quand Jésus pardonne les péchés, mais laisse le paralysé immobile sur sa civière, il libère tout homme de cette question idiote : «À qui la faute ?» C'est d'ailleurs pour démontrer qu'il a dissipé cette interrogation, qu'il a chassé toute idée de péché, qu'il dit ensuite à l'homme de se lever et de partir avec son lit. Parce qu'il faudra apprendre à se lever et à marcher comme si cette civière pouvait à tout instant redevenir nécessaire. Peut-être faut-il vivre comme un miraculé, à la merci d'une rechute ?

Car c'est là l'une des leçons, en général ignorée, de l'histoire : le paralysé n'a pas négligé d'emporter sa civière. Jésus ne lui a pas demandé de mépriser ce moyen qui lui permettait de se déplacer, porté par quatre hommes. Il y a dans cette parabole très riche comme une prudence à l'égard du miracle.

On peut retenir un dernier enseignement. L'homme sauvé par Jésus est renvoyé chez lui, dans sa maison. Il ne sera pas exhibé comme un trophée ou comme une preuve et n'ira pas battre les estrades de façon tapageuse. Rien à voir avec le comportement des sectes pentecôtistes que Rome soutient au point de leur donner des bureaux au Vatican. La distance qui sépare Jésus de ces pratiques est plus grande que jamais. La société du spectacle a trouvé sa proie jusque dans la foi. Comme aux États-Unis, où c'est à la télévision qu'on vient parler de Dieu, attentif à montrer son meilleur profil. Mais le contact personnel est négligé. Où sont les quatre hommes pour porter un paralytique ? Où sont les chrétiens pour partager la souffrance ? Il faudrait renoncer à la médiatisation, à la starisation des chefs religieux, et du Pape d'abord, pour commencer à entendre les vraies paroles de Jésus. Elles renvoient chacun chez lui, auprès de ses proches, pour y pratiquer l'amour.

Il est révélateur de constater comment le clergé est désormais distancé sur le terrain de la miséricorde. Il a fallu une star comme Coluche pour ouvrir les Restos du cœur. Jésus renvoie chez lui, pour qu'on le fête et qu'il rassure ceux qui l'aiment, le paralytique. La modestie, la discrétion. C'est une règle que Jésus imposera à ceux qu'il guérira, selon Matthieu (4,24).

114 *«Le Fils de l'homme est maître du sabbat»* (Marc 2,27-28).

En se libérant de ce carcan, Jésus a libéré tous les hommes. Une revendication inouïe dans le judaïsme.

Ainsi, Jésus, qui nous révèle Dieu, se sentait

lui-même assez proche de la Divinité pour oser dire :

115 *« Tout ce que j'ai appris du Père, je vous l'ai fait connaître »* (Jean 15,15).

Jésus se veut transparent, il transmet aux hommes ce qu'il a lui-même appris de son Dieu, il les fait entrer dans son Royaume.

Ce Royaume n'est déjà plus tout à fait, sans que Jésus en ait conscience, le Royaume d'Israël.

Nous avons vu qu'il a pris de grandes libertés avec l'observance du sabbat, mais ce n'était pas seulement par anticléricalisme ; c'est aussi une affirmation messianique, une revendication de divinité, car le sabbat est un commandement sacré de la Thora, « Dieu lui-même s'étant reposé de la Création le septième jour » (Genèse 2,2). En s'affirmant maître du sabbat, Jésus s'identifie à Dieu.

11.

Donner sa vie

« Ils étaient en route, montant vers Jérusalem et Jésus marchait devant eux. Ils étaient effrayés, frappés de stupeur et Jésus leur disait :

116 ***"Voici que nous montons à Jérusalem et le Fils de l'homme sera livré aux mains des prêtres et des scribes. Ils le condamneront et le livreront aux païens. On lui crachera dessus"*** » (Marc 10,32-33).

L'histoire touche à sa fin. Jésus a trop dérangé l'ordre établi, les notables se sont sentis insultés. Le peuple juif ? Les témoignages tels que les évangiles nous les restituent laissent penser qu'il est perplexe, peut-être inquiet face aux paroles de ce Messie attendu autant que craint. Sa revendication messianique est par ailleurs jugée inacceptable par les dirigeants.

Quand on vient de toute la Palestine, on monte pour aller à Jérusalem, située sur la ligne de crête des monts de Judée. Il s'agit aussi d'une montée « spirituelle » appelée « Alyah ». Ce sera la dernière « montée » de Jésus. Les disciples ont bien conscience des haines qui guettent leur maître, Marc les décrit « frappés de stupeur », « effrayés ». Mais ils le suivent parce qu'ils l'aiment. Ils ont essayé de le dissuader : « Ne retourne pas là-bas. Tu vas t'y faire lapider », (Jean 11,8). Jésus s'est entêté. Alors Thomas a dit aux autres disciples : « Allons-y nous aussi et mourons avec lui » (Jean 11,16). On sait que ces belles résolutions ne tiendront pas. On retrouvera Thomas plus tard, puisque c'est lui qui refusera de croire les apôtres Pierre et Jean qui racontent la résurrection : « Je veux mettre mes doigts dans les trous des clous et ma main dans la plaie du côté » (Jean 20,25). L'incrédulité de Thomas illustre son surnom de « jumeau », car les jumeaux sont réputés pour vérifier souvent que c'est bien à l'un, et non pas à l'autre, qu'on s'adresse. Jésus acceptera de se plier à cette exigence. La leçon qu'il en tire n'est pas celle d'un positiviste, puisqu'il affirme : « Bienheureux ceux qui croiront sans avoir vu. » Jésus a respecté le trouble éprouvé par son disciple qui voulait à la fois mourir les armes à la main contre la garde du Temple et, plus tard, mettre un doigt de chirurgien dans les trous laissés par les clous du supplice.

Jésus monte donc avec les apôtres à Jérusalem. Quand, venant de Jéricho, on passe la crête du mont des Oliviers, la ville sainte se découvre (encore aujourd'hui) éblouissante de l'autre côté de la vallée. Jésus en est ému et mélancolique :

117 ***«Jérusalem, Jérusalem, toi qui tues les prophètes et lapides ceux qui te sont envoyés. Combien de fois j'ai voulu rassembler tes petits à la manière dont une poule rassemble ses poussins sous ses ailes! Mais tu as refusé»*** (Matthieu 23,37).

Quelle tendresse : une poule qui rassemble ses poussins sous ses ailes! Qui voit Jésus ainsi? Qui a compris ce sentiment d'affection, cette volonté de protéger ses contemporains?

Quelle mélancolie pour Jérusalem, chez le prophète!

Plus tard, il y a le dîner dans la maison de Marie-Madeleine. Le dernier repas.

«Le Seigneur Jésus, la nuit où il fut trahi, prit du pain et après avoir rendu grâces le rompit.» On connaît sa parole :

118 *« Ceci est mon corps livré pour vous. Faites ceci en mémoire de moi »* (Luc 22,19).

De même, après le repas, il prit la coupe de vin en disant :

119 *« Cette coupe est celle de la nouvelle Alliance. À chaque fois que vous ferez ces choses, je serai au milieu de vous »* (1 Co 11,23).

Ce signe du pain et du vin partagés, cette présence annoncée « **à chaque fois que vous ferez ces choses** », sont le cœur sacramentel du christianisme. Ce que l'on appelle en théologie l'« eucharistie », en histoire et en peinture la « Cène » (le repas). Le rite du repas partagé est le centre de la liturgie chrétienne. Le pain et le vin sont le signe de la présence de Jésus.

Quand Judas sortit, Jésus parla longtemps, puis ils partirent dans les oliveraies.

120 *« Mon âme est triste à mourir, demeurez avec moi et veillez »* (Marc 14,34),

dit alors Jésus à ses disciples. Marc ne cherche pas à dissimuler le désarroi du Maître. À cet instant, il n'est plus le fils de Dieu, il n'est plus qu'un homme et un homme jeune qui se sait condamné. A-t-il peur de la mort ? Sans doute.

121 ***« Père, tout est possible, éloigne de moi cette épreuve. »***

Sa dignité et sa confiance en Dieu sont intactes cependant, comme le prouve la parole qui suit :

122 ***« Toutefois, non pas ce que je veux mais ta volonté »*** (Marc 14,32).

Surgissent alors les gardes du Temple. Judas, qui est allé les chercher et les accompagne, leur désigne Jésus dans l'obscurité en l'embrassant. Ce qui lui attire cette réplique du Christ :

123 ***« Mon ami, un baiser pour ce que tu fais »*** (Luc 22,48).

Le prophète fait front. Il n'oppose que sa dignité à ses ennemis qui vont bientôt le crucifier. Et, d'avance, il signifie à Judas qu'il lui pardonne.

124 « *Suis-je un brigand pour que vous vous soyez mis en campagne avec des épées et des bâtons pour me prendre? Tous les jours, j'étais parmi vous dans le Temple et vous n'avez pas osé m'arrêter* » (Luc 22,52).

« Ses disciples alors l'abandonnèrent et prirent la fuite » (Marc 14,49). L'évangéliste ne dissimule pas la lâcheté des apôtres.

Vient ensuite la comparution devant les grands prêtres puis devant le gouverneur romain. Ponce Pilate est resté dans l'histoire comme l'homme qui a refusé de prendre parti dans ce qui lui apparaissait comme une querelle théologique. Il voulait rester neutre. Tout montre qu'il considérait Jésus comme innocent. Mais il préféra le sacrifier pour éviter une émeute. D'où la mise en croix, manière romaine de donner la mort. Colonisés, les juifs de Palestine n'avaient plus le droit de vie et de mort. Ils étaient obligés de recourir au gouverneur pour faire exécuter l'un des leurs.

Sur la croix, la mort n'était pas immédiate. Elle survenait par étouffement et les exécuteurs pouvaient la hâter d'un coup de lance. Ce qui eut lieu pour le Christ.

Jésus eut le temps de prononcer quelques paroles.

125 *« Mon Dieu, mon Dieu, pourquoi m'as-tu abandonné ? »* (Marc 15,34).

Jésus était juif. Il prie en récitant des psaumes. Cette parole est la citation littérale du psaume 22. Cependant, gardons-nous d'une réponse trop facile. On choisit ses citations. Jésus sur la croix a bien ressenti « les souffrances et espoirs du juste [1] ». La tentation du désespoir ne lui fut pas épargnée, sans cela il ne serait pas homme.

126 *« Pardonne-leur, ils ne savent pas ce qu'ils font »* (Luc 23,34).

Jésus parle davantage de ses ennemis que des malheureux soldats du peloton d'exécution. Jusque devant la mort, il affirme le pardon comme étant au centre de sa parole.

La date de la mort de Jésus de Nazareth fait actuellement chez les historiens l'objet d'un assez

1. Titre du psaume 22.

large accord. Jésus est mort une veille de sabbat de Pâque, donc un vendredi (Marc 15,42, Jean 19,31). C'était le jour de la « préparation » (il s'agit de celle du sabbat), c'est-à-dire le 14 du mois de Nisan (avril). Avec le calcul astronomique, on sait quand le 14 Nisan est effectivement tombé un vendredi. Ce fut le 7 avril 30 de notre ère. Jésus avait 36 ou 37 ans.

Soulevons maintenant une question fondamentale.

La mort, Jésus ne la recherchait pas particulièrement même s'il a prononcé une parole sublime sur la fécondité du sacrifice.

127 ***« Si le grain ne meurt, il reste seul, s'il meurt, il porte beaucoup de fruits »*** (Jean 12,24).

Mais il faut l'interpréter dans un sens spirituel et non morbide. Jésus savait que toute parole libre suscite l'opposition.

La mort de Jésus n'était nullement réclamée par Dieu, constate avec pertinence Marcel Légaut[1].

---

1. *Introduction à l'intelligence du passé et de l'avenir du christianisme*, Aubier-Montaigne, 1971.

Élaborée longtemps après, l'horrible conception d'un Dieu-Père réclamant le sacrifice de son fils qui fit écrire, à juste titre, par Diderot : « Aucun père de la terre ne voudrait ressembler à ce père-là », est aberrante.

Je récuse une certaine théologie de la Rédemption.

Dans toutes les paroles du Christ, on ne trouve d'ailleurs, comme le fait remarquer Jean Delumeau [1], « pas la moindre allusion à la notion de "péché originel" ». Notion centrale de la théologie de la Rédemption.

La réalité fut plus simple et plus émouvante.

Jésus se sait piégé, trahi. Il pense qu'en se livrant en personne il sauvera la vie de ses disciples. Parce que ses ennemis savent que sans lui les disciples sont quantité négligeable. Il avait dit à ses apôtres :

128 ***« Il n'y a pas de plus grand amour que de donner sa vie pour ses amis. Vous êtes mes amis. Je ne vous appelle plus serviteurs mais amis »*** (Jean 15,13).

Jésus fait le sacrifice de sa vie par amitié et non pas en vertu d'une théologie lugubre. Ses amis purent d'ailleurs se sauver. Ils s'enfuirent tous,

1. *Une histoire du Paradis*, Fayard, 1992.

abandonnant leur maître. Seule différence entre Judas et les autres, Judas alla se pendre (Matthieu 27,4). Pierre et les autres se repentirent.

Jésus fait aussi le sacrifice de sa vie par dignité. Bien sûr, comme Socrate, il aurait pu fuir mais il aurait alors renoncé à se faire entendre. Il a préféré la parole au risque de sa vie, à la vie au prix de l'esclavage. La vie est une valeur immense. Nous l'avons souligné, les paroles de Jésus sont celles d'une religion de la vie et du bonheur. Mais il y a des absolus supérieurs à la survie individuelle. La dignité humaine est un absolu.

Quand Jésus est mort, « c'était la nuit », souligne Jean (Jean 13,30).

Le troisième jour, les disciples, revenus de leurs peurs et de leurs reniements, se dirent les uns aux autres : « Notre cœur n'était-il pas tout brûlant au-dedans de nous quand il nous parlait sur les chemins et nous expliquait les Écritures ? », ou encore : « Ne fallait-il pas que le Christ surmonte ces souffrances pour entrer dans sa gloire ? » (Luc 24,26 et 32).

C'est ici que va commencer l'histoire du christianisme et que se termine la prédication historique de Jésus de Nazareth.

Après la nuit de la trahison, l'aurore de la résurrection.

129 *« Heureux ceux qui croiront sans avoir vu »* (Jean 20,29).

Ainsi s'achève l'histoire de Jésus de Nazareth. Désormais, il ne parlera plus de sa bouche. Cependant, ceux qui croient en lui entendent ses paroles dans leur cœur. La résurrection n'est pas un fait historique. Je ne veux pas dire qu'elle n'a pas eu lieu. Je dis qu'elle n'appartient pas à l'histoire. Jésus n'est pas revenu à la vie pour mourir plus tard. Il est sorti de l'espace et du temps.

Le croire toujours vivant est un acte de foi. J'ai voulu ici ne citer que ses paroles « historiques », datées. Après, commence la longue histoire du christianisme.

12.

La méthode

Les évangiles sont les livres fondateurs du christianisme. Il ne faut jamais oublier que ces textes, appelés par les chrétiens « Nouveau Testament », s'enracinent dans les Écritures juives que les chrétiens nomment « Ancien Testament » et les juifs « Thora ». La Bible est en fait une bibliothèque comprenant une cinquantaine de livres de genres littéraires fort différents. La notion de genre littéraire est essentielle à qui veut comprendre quelque chose à l'Écriture. Ce n'est pas une notion particulièrement technique. Nous l'utilisons tous dans la vie courante. Faire un poème n'est pas la même chose que rédiger un roman. On n'écrit pas à son patron comme à un ami. On ne lit pas une lettre d'amour comme un rapport de gendarmerie. Comme M. Jourdain faisait de la prose naturellement, nous tenons compte du genre littéraire des textes que nous lisons et écrivons. Ceux qui ne veulent pas faire ces distinctions s'exposent à des contresens regrettables ; c'est le cas de tous « les fondamentalistes », juifs ou chrétiens.

Ainsi, la Bible juive comprend des épopées fondatrices comparables à *L'Iliade* (la sortie du peuple juif d'Égypte et son installation en Palestine), un poème érotique[1], des proverbes, des cantiques (les psaumes), des écrits apocalyptiques (manière imagée et symbolique de parler de l'avenir qu'il ne faut surtout pas prendre au pied de la lettre), et les écrits des prophètes. Deux courants traversent l'écriture juive :

— le messianisme, c'est-à-dire le sentiment que l'Histoire a un sens et particulièrement l'histoire du peuple juif. Le messianisme est une tension vers l'avenir qui donne sa coloration particulière au judaïsme (la plupart des religions traditionnelles sont tournées vers le passé). L'avenir s'incarnera peut-être dans un homme, le Messie ;

— le prophétisme : les prophètes ne parlent pas du futur, contrairement à un contresens courant, ils essaient d'expliquer le présent. Ils se dressent aussi contre les tyrannies et dénoncent les impostures. Pour cette raison, ils sont souvent persécutés. Jean-Baptiste est un prophète très traditionnel, et pourtant on parle de lui seulement

1. Le Cantique des cantiques.

dans les évangiles parce qu'il était contemporain et parent de Jésus. Il ne faut jamais oublier que Jésus est profondément juif et qu'il connaissait la Thora par cœur.

Pourquoi avoir fait cette anthologie de ses vraies paroles ? Comment éliminer beaucoup de paroles mises dans la bouche du Christ mais rédigées par les communautés croyantes chrétiennes vingt ans après sa mort ? Au contraire, comment lui attribuer des paroles que l'on trouve sans guillemets dans les lettres de Paul, de Jean ou dans l'Apocalypse ?

Aujourd'hui les historiens, que l'on nomme « exégètes » quand il s'agit d'écrits bibliques, savent distinguer dans les textes du Nouveau Testament les paroles *(logia)* propres au Maître *(ipsissima verba)* des ajouts postérieurs. Ainsi les techniciens peuvent-ils, en radiographiant des tableaux de peintres illustres, distinguer les traits originaux des couches de peinture suivantes ; ainsi les architectes peuvent-ils dresser un plan de Notre-Dame de Paris où apparaissent les pierres du XIIIe siècle avec des couleurs différentes de celles qui désignent les ajouts de Viollet-le-Duc au XIXe siècle.

J'ai cité au long de cette anthologie les noms de quelques grands exégètes contemporains : Ernst Käsemann, Charles Perrot, Charles Harrod

Dodd. Il y en a beaucoup d'autres dont le père Xavier-Léon Dufour, Rudolf Bultmann, Oscar Cullmann (on retrouvera tous ces noms dans la bibliographie).

Le père Congar, l'un des plus grands esprits de la théologie catholique, en était arrivé, à la veille de sa mort, à reconnaître que « tout relève de l'histoire, absolument tout, y compris Jésus[1] ».

Le principe de la différence est le principe essentiel de l'exégèse. Une parole de Jésus est certainement de lui quand elle est *différente* de la mentalité des rédacteurs chrétiens des années cinquante de notre ère, tout autant que de celle des contemporains du Christ en 28, 29 ou 30.

Ainsi avons-nous noté que le titre « Fils de l'homme » est certainement sorti de la bouche de Jésus lui-même ; ce titre messianique ne signifiant strictement rien pour les rédacteurs chrétiens, et n'étant plus guère utilisé du vivant même de Jésus.

Ainsi, toutes les paroles de Jésus qui s'en prennent aux rites de pureté alimentaire (la Cacherout) ou au repos du samedi (le sabbat) sont à l'évidence authentiques. La Cacherout et le sabbat laissaient indifférents les chrétiens convertis issus du monde gréco-romain ; leur mise en cause

1. *Entretiens d'automne*, Le Cerf, 1988.

était au contraire inimaginable pour les rabbins contemporains du Christ.

Le second principe est celui de la vraisemblance. Nous avons raconté en détail la guérison de l'enfant épileptique (Marc 9,14-29) pour constater qu'il n'y avait dans ce miracle rien que de très naturel. Par contre, quand Matthieu nous raconte qu'à la mort du Christ « le rideau du temple se déchira en deux du haut en bas, la terre trembla, les rochers se fendirent, les tombeaux s'ouvrirent et de nombreux corps de saints trépassés ressuscitèrent, ils sortirent de leurs tombeaux, entrèrent dans la ville sainte et se firent voir à bien des gens » (Matthieu 27,51-54), il s'agit évidemment d'une exagération merveilleuse, rédigée par les premiers chrétiens. De même, quand Luc nous raconte que Jésus s'éleva dans le ciel et que les nuages le dissimulèrent (Actes des Apôtres 19,10), il ne faut pas imaginer que le Christ s'est élevé dans l'air comme une fusée à Kourou. Luc nous livre, en termes convenus (dans l'Écriture, « les Nuées » sont une image de Dieu), un message théologique : la résurrection de Jésus est un fait de foi et non d'histoire. Jésus est sorti de l'Espace et du Temps.

On peut donc se poser des questions sur certains miracles. La résurrection de Lazare (Jean 11,1-44) est un miracle incroyable; on se souvient que Lazare et ses sœurs, Marie-Madeleine et Marthe, étaient de riches habitants de Jérusalem et possédaient une belle maison à Béthanie. Pourtant, les choses vues ne manquent pas dans ce récit de Jean : la tendresse de Jésus pour Lazare et ses sœurs. « Or Jésus aimait Marthe et sa sœur et Lazare. » Marie-Madeleine « sanglote » aux pieds de Jésus et lui dit : « Seigneur, si tu avais été là, mon frère ne serait pas mort. » « Et Jésus pleura. » Les détails concrets et même triviaux sont nombreux : le tombeau était un caveau avec une pierre tombale, quand Jésus donna l'ordre d'enlever la pierre, Marthe lui dit à propos de Lazare : « Seigneur, il doit déjà sentir, c'est le quatrième jour. »

Cependant, à l'appel du Christ, le mort sortit. Notons qu'il ne s'agit pas d'une résurrection comme celle de Jésus qui est sorti, lui, de l'Espace et du Temps ; Lazare fait seulement l'expérience du « retour à la vie », si souvent décrit par Malraux (*Anti-mémoires*). Lazare est guéri mais il mourut plus tard. Alors ?

J'incline à croire que ce magnifique récit est historique. À l'époque, on ne savait pas distinguer la mort réelle de la mort apparente. Certains étaient enterrés vivants. Heureusement, chez les juifs, on mettait les morts dans des caves. Lazare était probablement en catalepsie, évanoui, dans le coma. La chose est parfaitement imaginable scientifiquement.

Le troisième principe est, en sens inverse du premier, celui de la ressemblance. C'est ce principe qui nous permet de ne pas attribuer à Jésus les discours que l'on trouve dans l'évangile de Jean. Ces discours que Jean met dans la bouche du Christ (comme Thucydide ou Tite-Livre prêtent eux aussi à leurs héros leurs propres pensées) ne sont en rien ressemblants au style de Jésus.

À l'opposé, certaines paroles que l'on trouve sous la plume de Jean ou dans le livre de l'Apocalypse sont plus crédibles. Ainsi celles, laconiques, sur l'amour. Ainsi celle de l'Apocalypse où Dieu vient dîner avec celui qui lui ouvre la porte (Ap 3,20-21). On y trouve l'écho du dernier repas fraternel que Jésus prit avec ses disciples et dont il fit le signe de sa présence (l'eucharistie, la messe). Même l'apôtre Paul, quand il parle de la liberté ou de l'amour, nous restitue le Christ. À l'époque, l'on ne mettait pas toujours les guillemets. Quand Paul parle de l'eucharistie, il met des guillemets (2 Co 11,23-24) ; souvent il n'en met pas. Mais, témoins directs (Jean), ou indirects (Paul), les apôtres « résonnent » sans cesse de paroles du Christ. Ce qui n'enlève rien à l'immense talent personnel de saint Paul ou de Jean.

L'anthologie que j'ai essayé de constituer n'est pas arbitraire. Elle tente de se conformer à l'exégèse. Elle obéit à la méthode historique. Aujourd'hui, les exégètes disposent aussi des découvertes archéologiques et des travaux menés sur le terrain : manuscrits de la mer Morte, fouilles de Sion. Ils peuvent croiser leurs connaissances avec l'histoire générale ou des sources non chrétiennes. Tacite parle du Christ dans ses *Annales* en l'an 116 (*Annales* XV, 44), Pline le Jeune en 110, dans une lettre célèbre à l'empereur romain Trajan (Lettre X, 96).

Enfin l'historien juif de langue grecque Flavius Josèphe en l'an 95, à Alexandrie d'Égypte, écrit dans ses *Antiquités judaïques* : « À cette époque, il y eut un homme sage nommé Jésus, dont la conduite était bonne et les vertus reconnues. Beaucoup de Juifs se firent ses disciples. Pilate le condamna à être crucifié et à mourir. Mais ceux qui s'étaient fait ses disciples répétèrent ses paroles. De plus, ils racontèrent qu'il leur était apparu et qu'il était vivant. Ils le considèrent comme le Messie. Jusqu'à maintenant encore, le groupe des chrétiens, ainsi nommés à cause de lui, n'a pas disparu. »

Les chrétiens n'ont pas disparu, c'est vrai. Mais la plupart d'entre eux ne répètent plus les paroles de Jésus et ne les connaissent même pas ; leur foi se résume en un déisme humaniste, d'où cette anthologie.

Bibliographie

Barreau Jean-Claude, *Biographie de Jésus*, Plon, 1994.
Bultman Rudolf, *L'Histoire de la Tradition synoptique*, Seuil, 1973.
Congar P. Y., *Entretiens d'automne*, Le Cerf, 1988.
Cullmann Oscar, *Le Milieu johannique*, Neuchâtel, 1976.
Delumeau Jean, *Une histoire du Paradis*, Fayard, 1971.
Dufour Xavier-Léon, *Les Évangélistes et l'histoire de Jésus*, Seuil, 1963.
Harrod Dodd Charles, *Le Fondateur du christianisme*, Seuil, 1972.
Käsemann Ernst, *Le Problème du Jésus historique*, Essais exégétiques, Neuchâtel, 1972.
Légaut Marcel, *Introduction à l'intelligence du passé et de l'avenir du christianisme*, Aubier-Montaigne, 1971.
Mauriac François, *Vie de Jésus*, Flammarion, 1936.
Perrot Charles, *Jésus et l'Histoire*, Desclée, 1979.
Schweitzer Albert, *Le Secret historique de la vie de Jésus*, Albin Michel, 1961.
Voillaume, abbé, *Au cœur des masses*, Le Cerf.

Table

DU MÊME AUTEUR

ESSAIS

Les Bandes d'adolescents, Fayard, 1962 (en collaboration avec Marc Oraison).

Annonce de Jésus-Christ, Le Seuil, 1964 (Livre de vie, 1964).

Le Prêtre dans la mission, Le Seuil, 1965 (en collaboration avec Dominique Barbé).

La Foi d'un païen, Le Seuil, 1967 (Prix Noël, 1967 ; Livre de vie, 1968).

La Reconnaissance, Le Seuil, 1968.

Où est le mal ?, Le Seuil, 1969.

Qui est Dieu ?, Le Seuil, 1971.

Questions à mon Église, Stock, 1972.

La Prière et la Drogue, Stock, 1974.

Du bon usage de la religion, Stock, 1976.

Pour une politique du livre, Dalloz, 1982 (en collaboration avec Bernard Pingaud).

Que vive la France, Albin Michel, 1985.

La Foi qui reste, Le Seuil, 1987.

Du bon gouvernement, Odile Jacob, 1988.

De l'islam et du monde moderne, Le Pré-aux-Clercs, 1991 (Prix Aujourd'hui, 1991).

De l'immigration et de la nation française, Le Pré-aux-Clercs, 1992.

Biographie de Jésus, Plon, 1993 (Pocket, 1994).

Quelle morale pour aujourd'hui, Plon, 1994.

Les Vies d'un païen, Autobiographie, Plon, 1996.

La France va-t-elle disparaître ?, Grasset, 1997.

L'Illusion de l'an 2000, Grasset, 1998.
Le coup d'État invisible, Albin Michel, 1999.

ROMANS

Les Mémoires de Jésus, Jean-Claude Lattès, 1978.
La Traversée de l'Islande, Stock, 1979 (Antenne 2, 1983, téléfilm).
Le Vent du désert, Belfond, 1981.
Les Innocents de Pigalle, Jean-Claude Lattès, 1982.
Oublier Jérusalem, Actes Sud, 1989 (J'ai Lu, 1991).

La composition de cet ouvrage
*a été réalisée par l'**Imprimerie Bussière**,*
l'impression et le brochage ont été effectués
sur presse Cameron
*dans les ateliers de **Bussière Camedan Imprimeries***
à Saint-Amand-Montrond (Cher)
pour le compte des Éditions Albin Michel.

Achevé d'imprimer en janvier 2000.
N° d'édition : 18952. N° d'impression : 000313/1.
Dépôt légal : janvier 2000.